초등일타과학

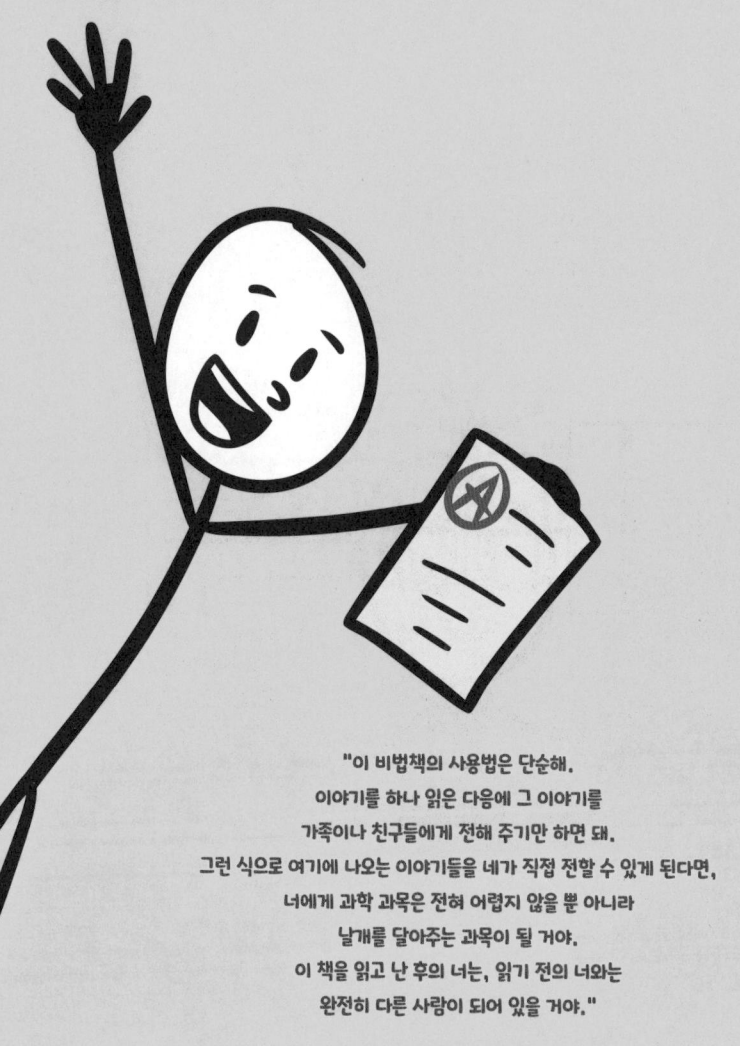

"이 비법책의 사용법은 단순해.
이야기를 하나 읽은 다음에 그 이야기를
가족이나 친구들에게 전해 주기만 하면 돼.
그런 식으로 여기에 나오는 이야기들을 네가 직접 전할 수 있게 된다면,
너에게 과학 과목은 전혀 어렵지 않을 뿐 아니라
날개를 달아주는 과목이 될 거야.
이 책을 읽고 난 후의 너는, 읽기 전의 너와는
완전히 다른 사람이 되어 있을 거야."

과학 영재 기초잡는

초등일타 과학

과학 문해력 상승하는 과학 선행 학습

이광렬 지음

KOREA.COM

이 책을 쓴 쌤의 편지 이 책을 펼친 멋진 친구에게

▶ 안녕. 반가워. 이 책을 집어 들다니 과학에 아주 관심이 많은 친구가 분명하겠네. 실은 이 책은 운이 좋은 친구만 보게 될 책이야. 왜 운이 좋으냐고? 이 책에 공부를 잘하게 되고, 나중에 큰 인물이 되는 비법을 숨겨 놓았기 때문이지.

아 참! 내 소개를 안 했네. 과학고를 거쳐 KAIST를 나왔고, 26세에 미국에서 박사학위를 취득했지. 이후 고려대학교 화학과 교수가 되어서 20년 넘게 연구도 하고 학생들도 가르치고 있어.

내 전공은 나노과학 분야야. 260편이 넘는 논문을 썼어. 가끔 유튜브나 TV 방송에도 출연하면서 재미있게 지내는 중이야. 과학자만큼 재미있게 살 수 있는 직업은 없는 것 같아.

난 운이 좋게도 과학자 중에서 아주 크게 성공한 사람들을 만나 그 사람들의 성공 비밀을 발견할 수 있었어. 그중에는 마이

크로소프트 부사장도 있고, 아주 큰 투자회사를 운영하는 사람도 있어. 노벨상을 받은 사람들도 여럿 만나 봤지.

  이 사람들에게는 공통점이 있어. 하나 같이 말을 무지하게 잘해. 글도 잘 쓰고 발표도 잘해. 책을 손에서 놓지 않아서 자신의 전공 분야가 아닌 내용도 계속해서 배우려고 해. 많은 일반인이 돈을 좀 벌고 명성이 올라가면 여유를 부리기 쉬운데, 이 사람들은 달랐어. 더 열심히 책을 읽고 토론해서 지식을 쌓으려고 하더라고.

  얼마 전에 뛰어난 업적을 이룬 한 사람과 온종일 같이 있게 되었는데, 정말 귀에서 피가 나는 줄 알았다니까? 그런데 이들의 진짜 숨겨진 능력은, 혼자만의 시간에는 낮에 떠들었던 이야기들을 종합해서 세상을 움직이고 바꿀 아이디어를 만들어 낸다는 거야.

중요한 것은 이거야. 성공한 사람들은 '이야기를 좋아하고 이야기를 잘한다'라는 점이지. 그러니 네가 성공하려면 이야기를 잘할 수 있어야겠지? 그냥 아무 이야기나 잘하는 것이 아니라, 사물의 이치에 대해 논리적으로 잘 설명할 수 있어야 해.

이 책은 네가 앞으로 과학 시간에 배우게 될 내용을 담은 이야기 책이야. 지금은 과학에 대하여 아무것도 모르는 상태여도 처음부터 끝까지 읽기만 하면 세상의 이치를 배울 수 있도록 써 놓았어.

이 비법책의 사용법은 단순해. 이야기를 하나 읽은 다음에 그 이야기를 가족이나 친구들에게 전해 주기만 하면 돼. 그런 식으로 여기에 나오는 이야기들을 네가 직접 전할 수 있게 된다면, 너에게 과학 과목은 전혀 어렵지 않을 뿐 아니라 날개를 달아주는 과목이 될 거야.

    이 책을 읽고 난 후의 너는, 읽기 전의 너와는 완전히 다른 사람이 되어 있을 거야.

    어때? 이 비법책 읽기에 도전해 보지 않을래?

    도전! 미래의 일론 머스크! 미래의 빌 게이츠! 미래의 제니퍼 다우드나!

— 안암동 화학 이야기꾼

이광렬 쌤이

 이책을쓴쌤의편지 이 책을 펼친 멋진 친구에게 ····4

1단원 원자와 분자, 그리고 물질

1. 원자들은 어디에서 왔을까? … 16
2. 원자들은 쌍둥이 형제가 있어 … 21
3. 원자의 종류마다 전자에 대한 욕심이 달라 … 26
4. 욕심 많은 산소, 욕심 없는 수소 … 29
5. 원자계의 최강 인싸, 탄소 원자 … 33
6. 고상한 척하는 헬륨, 네온, 아르곤 … 37
7. 전자를 주거니 받거니, 이온의 탄생 … 42
8. 소금은 왜 물에 잘 녹을까? … 46
9. 원자가 짝꿍을 만들면 분자 … 50
10. 소금은 왜 잘 쪼개질까? … 54
11. 금속은 두들기면 펴진다! 왜? … 57

과학 교과 연계 초 3-1, 5-1, 중 2

2단원 기체의 성질

12. 기체로 잘 바뀌는 분자의 모양은? 62
13. 이산화탄소는 댄스왕 66
14. 방귀 소리가 났는데 방귀 냄새는 나중에 나는 이유 71
15. 뾰족한 것들은 조심해야 해 74
16. 누구나 저마다의 공기 기둥을 머리에 이고 살지 77
17. 입으로 분 풍선은 왜 떠오르지 않을까? 81
18. 추운 겨울에는 왜 공이 잘 튀지 않을까? 84
19. 바람의 방향은 무엇이 정해주나? 87
20. 뜨거운 음식을 밀폐 용기에 담고 냉장고에 넣으면? 91
21. 공기의 압력을 이용한 무기와 기술 94
22. 깊은 바닷속에 풍선을 가져가면 어떻게 될까? 98
23. 열기구가 하늘을 날 수 있는 이유는? 101
24. 오리털 파카가 따뜻한 이유 104
25. 보온병의 뜨거운 물은 왜 잘 식지 않을까? 106
26. 김빠진 콜라가 싫으면 차갑게 두자! 109

과학 교과 연계 초 3-2, 5-1, 6-1, 중 1

3단원 물질의 상태, 고체, 액체, 기체

27. 물 분자는 춤을 춰! 둠칫 둠칫 둠칫 — 114
28. 작은 물방울끼리 만나면 왜 하나로 뭉칠까? — 118
29. 얼음은 왜 물 위에 떠 있을까? — 122
30. 물을 끓일 때 보글보글 기포가 올라오는 이유 — 125
31. 물 한 모금에 물 분자는 몇 개? 안전을 위한 지식 — 128
32. 뜨거운 냄비 위의 물방울은 춤춘다? — 133
33. 삼겹살 구울 때 기름이 튀는 이유 — 136
34. 화를 잘 내는 사람 화를 못 내게 만드는 법 — 139
35. 스케이트 날은 왜 날카로울까? — 142
36. 초임계 유체가 뭐야? — 145
37. 기름은 왜 물보다 높은 온도에서 끓을까? — 149
38. 분자 흡열귀(흡혈귀 아님 주의!) — 152
39. 소독 알코올을 바르면 왜 시원할까? — 155
40. 입을 대지 않고 풍선을 불 수 있다? — 159
41. 드라이아이스 빙판에서 스케이트 탈 수 있을까? — 164

> 과학 교과 연계 초 3-2, 4-2, 5-1, 6-1, 중 1

4단원 물과 수용액의 성질

42. 얇은 바늘이 어떻게 물 위에 뜨지? — 168
43. 물방울은 왜 동그랄까? — 172
44. 왜 물방울은 연잎 위를 굴러다닐까? — 175
45. 물방울에 계면활성제를 넣으면? — 178
46. 비누가 때를 씻어내는 원리 — 181
47. 커다란 비눗방울 만드는 비밀 레시피 — 184
48. 설탕 시럽은 왜 끈적끈적할까? — 187
49. 설탕은 왜 찬물보다 뜨거운 물에서 더 잘 녹을까? — 191
50. 바닷물은 왜 잘 얼지 않을까? — 195
51. 소금물을 끓이지 않고 물만 빼내는 방법 — 199
52. 배추에 소금을 뿌리면 숨이 죽는 이유가 무엇일까? — 203
53. 주변에서 콜로이드를 찾아보자 — 207
54. 강물은 오래 두어도 투명해지지 않는다? — 210

과학 교과 연계 초 3-1, 4-1, 5-1, 중 2

5단원 산과 염기, 산화와 환원

55. 녹은 왜 슬까?   *216*

56. 산(acid)의 탄생   *220*

57. 염기(base)의 탄생   *223*

58. 산과 염기가 만나면?   *226*

59. 소듐 금속을 물에 넣으면 펑 터진다?   *229*

60. 배터리는 어떻게 전기를 만들까?   *233*

61. 산과 금속이 만나면 보글보글 기체가 생기는 이유   *237*

62. 나무가 탈 때 나오는 열은 원래 어디에 숨어 있었을까?   *240*

63. 전자 욕심은 상대적이야   *244*

64. 자동차 배기관에서 뚝뚝 떨어지는 액체는?   *248*

65. 물에 잘 녹는 이온끼리 뭉쳐 놨더니 안 녹는다고?   *252*

66. 살인 사건의 범인이 의심을 피한 방법   *255*

67. 황산은 왜 독할까?   *258*

68. 화학 반응식만 보고도 발열인지 흡열인지 알아내는 방법   *262*

69. 경유 자동차에서 매연이 나오는 이유   *266*

70. 불타는 휘발유에서는 무슨 일이 벌어질까?   *270*

과학 교과 연계 초 5-1, 5-2, 6-1, 6-2, 중 3

6단원 분자의 성질과 화학 구조

71. 화학 구조에서 작대기는 무슨 뜻?   274
72. 전자레인지는 물을 데우지만 빈 플라스틱 용기는 못 데운다?   277
73. 기름과 물은 친해질 수 있을까?   281
74. 색 탐정 크로마토그래피   285
75. 원자와 분자의 질량은 어떻게 잴까?   288
76. 같은 재료 다른 모양, 트랜스와 시스   292
77. 거울에 비친 손은 모양이 같지만 달라   296
78. 우주선은 왜 별똥별처럼 불타지 않아?   299

`과학 교과 연계` 초 3-2, 4-1, 5-1, 6-2, 중 1, 중 2

7단원 생명의 화학

79. 태양을 먹고 산다고?   304
80. 내 몸의 메신저, 호르몬   308
81. 내 몸속 나무꾼, 효소   311
82. 뇌의 음식, 포도당   314
83. 유전자는 효소 로봇 설계도   318
84. 방귀 냄새는 왜 나는 거야?   321

85. 세포막이 두 겹으로 된 이유 *324*

86. 화학 평형, 자연은 균형을 좋아해 *327*

87. 우리 몸을 짓는 재료, 아미노산 *331*

88. 투명한 달걀흰자를 삶으면 왜 희고 딱딱해질까? *335*

89. 입이 없는 나무가 물 마시는 방법 *338*

과학 교과 연계 초 6-1, 6-2, 중 2, 중 3

8단원 지구와 우주

90. 구름은 왜 떨어지지 않나? *344*

91. 소나기가 오기 전에는 바람이 쌩쌩 분다 *348*

92. 높은 산의 바다 쪽은 왜 비가 잘 올까? *352*

93. 겨울에는 왜 건조할까? *355*

94. 한낮의 사막은 더운데 왜 건조할까? *358*

95. 엑스레이는 숏다리, 적외선은 롱다리 *360*

96. 검은색의 정체를 밝혀라 *364*

97. 번개 치는 날에는 벌판에 서 있지 마 *367*

98. 일상에서 만드는 번개, 정전기 *371*

99. 수소 원자를 열 받게 하면 벌어지는 일 *374*

100. 오로라의 진면목을 알려 주지 *377*

과학 교과 연계 초 4-2, 5-2, 6-2, 중 1, 중 3

부록1. 탐구왕 과학퀴즈 정답 *380*

부록2. 이미지 출처 *382*

1단원

원자와 분자, 그리고 물질

과학 교과 연계
초 3-1, 5-1
중 2

01 원자들은 어디에서 왔을까?

키워드 원자, 태양, 우주

    과학자들은 항상 물음표를 달고 살아. 종이는 무엇으로 만들어졌을까? 우유는? 머리카락은? 소금은? 우리가 살아가면서 만나는 수많은 물질이 어떻게 만들어졌을까를 고민하던 과학자들이 답을 찾기 위해 한 일이 있어. 바로 쪼개서 분류해 보는 거야. '음, 우리가 먹는 음식은 탄수화물, 단백질, 지방, 금속 등으로 나눌 수 있군.'

    그런데 질문이 이어져. 탄수화물은 뭘로 만들어지는 거야? 단백질은? 금속은? 공기는? 그래서 이것들을 더 잘게 쪼개기 시작했어. 쪼개고 쪼개고 쪼개서 어떤 물질을 이루는 가장 기본이 되는 입자들을 찾아냈어. 이걸 '원자'라고 부르기로 했지. 영어로는 '아톰(atom)'이야.

지구에는 많은 종류의 원자가 있어. 수소 원자, 산소 원자, 탄소 원자, 질소 원자…. 이름을 다 외우기도 어려워. 이 많은 종류의 원자는 대체 어디에서 왔을까?

밤하늘을 보면 수많은 별이 반짝여. 우리가 매일 보는 태양은 사실 저 많은 별 중 하나에 불과해. 한낮의 태양은 참 밝고 뜨겁지. 밤하늘에서 볼 수 있는 별들은 전혀 뜨겁지 않은데 말이야. 우리의 태양은 다른 별들보다 지구와 훨씬 가까이 있어서 그래. 한겨울에 모닥불 바로 옆은 따뜻하지만 100미터 떨어진 곳은 춥잖아? 똑같은 원리야. 그러니 밤하늘에 빛나는 별들이 실제로는 아주 뜨거울 수 있다는 것을 알겠지?

우리 태양과 같은 별은 왜 밝고 뜨거울까? 우리 태양에는 수소 원자가 가득 들어 있어. 이 수소 원자들은 '핵융합'이라는 것을 하면서 서로 뭉쳐져서 헬륨 원자로 변신해. 이때 질량이 조금 사라지는데 그 질량이 에너지로 변해. 이 에너지 때문에 태양은 밝게 빛나고 뜨거운 거야.

지금 우리의 태양 속에서는 수소 원자들이 열심히 헬륨 원자들로 바뀌는 중이야. 이제 시간이 많이 흐르면 뜨거운 태양 속에서 다른 원자들도 생기기 시작할 거야. 헬륨 원자 2개가 만나면 베릴륨 원자가 되고, 베릴륨 원자와 헬륨 원자가 만나면 탄소 원자가 돼.

태양과 같은 환경에서는 이런 식으로 작고 가벼운 원자들이 합쳐져서 더 무거운 원자가 될 수 있어. 우리 지구에서는 원자가 다른 원자와 합쳐져서 더 무거운 원자가 되는 것이 저절로 일어나는 경우가 없지만, 태양처럼 엄청난 에너지가 나오는 곳에서는 이런 일이 벌어질 수 있는 거야.

어렵다고? 지레 겁먹지 마. 그냥 지금은 태양과 같이 밝게 빛나는 별 속에서, 수소에서 시작하여 다른 여러 가지 원자가 만들어진다는 것만 알면 돼.

별이 불타는 시간이 길어질수록 더욱 다양한 원자가 만들어지겠지? 어떤 별은 뜨겁게 불타다가 어느 순간 식어 버려. 어떤 별은 계속 여러 원자를 만들다가 아주 커지게 되면 어느 순간 폭발해. 폭발하면서 자기가 가지고 있던 탄소, 산소, 질소 같은 원자들을 우주에 뿌리지.

우리 태양은 나중에 생긴 별이야. 우리 태양이 생기기 전에도 별은 있었고, 그중에 어떤 별은 폭발하면서 자신이 가진 모든 것을 우주에 먼지처럼 흩뿌렸어. 우리 태양이 생길 때 태양 주변에 있던 그 먼지들이 태양을 따라 돌면서 뭉쳐져 행성들이 생겼지.

우리가 사는 지구도 그렇게 만들어졌어. 지구는 어떤 별이 죽으면서 우주에 뿌린 먼지들이 모인 거야. 우리 몸은 탄소, 산소, 수소, 질소 등 여러 가지 원자로 이루어졌는데, 이 모든 것은 아주 오래전 죽은 별에서 왔어. 전기를 만드는 원자력 발전소에서 쓰이는 우라늄, 플루토늄 같은 원자도 마찬가지로 죽은 별에서 온 거야.

생각해 봐. 지구에 있는 모든 것은 이미 죽은 별들에서 왔어. 우주의 작동 원리가 신기하고 대단하지?

 **한 줄 정리**

지구의 원자들은 아주 오래전에 죽은 별로부터 왔다.

 **과학 문해력**

- 원자(原근원 원, 子아들 자): 물질을 이루는 기본 입자.

탐구왕 과학퀴즈

물질의 가장 작은 단위는 □□다.

02 원자들은 쌍둥이 형제가 있어

키워드 원자핵, 양성자, 중성자

일란성 쌍둥이는 똑같이 생겼어. 하지만 체중까지 똑같지는 않아. 원자 아이들도 마찬가지야. 쌍둥이 원자들 이야기를 들어 볼래?

원자는 중심에 있는 원자핵과 원자핵 주변을 도는 전자로 이루어져 있어. 우리가 뭔가를 중요하다고 말할 때 "이게 핵심이야!"라고 하지? 사물이나 현상의 중심을 '핵'이라고 하니까 원자의 중심에 있는 것을 '원자핵'이라고 부르는 거야.

원자핵에는 양성자가 있어. 양성자는 양의 성질, 즉 플러스(+) 전하를 가지는 입자라는 뜻이야. 양성자의 주변에는 전자가 따라다녀. 전자는 음의 성질, 즉 마이너스(-) 전하를 가지는 입

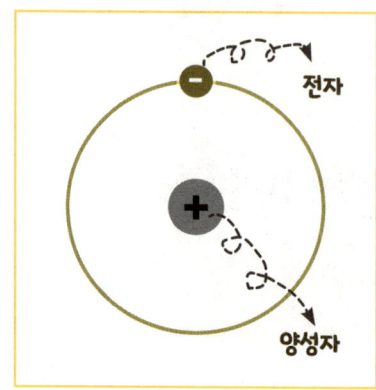

수소 원자(H)의 구조

자야. 자석의 N극과 S극이 서로 붙으려는 것처럼, 양의 전하와 음의 전하는 서로를 좋아해서 둘이 만나면 서로 끌어당기는 성질이 있어. 무거운 양성자 주변을 가벼운 전자가 돌면서 가까이 있어. 하나의 원자 속에 있는 양성자 수와 전자의 수는 같아. 양성자가 1개면 전자도 1개, 양성자가 2개면 전자도 2개지.

양성자는 때로 중성자를 곁에 둬. 중성자는 전하, 즉 전기의 성질을 갖고 있지 않은 입자야. 중성자는 양성자만큼 무거운데 늘 양성자 옆에 붙어 있어. 그래서 중성자도 원자핵을 이루는 성분이야.

이렇게 원자는 양성자, 중성자, 전자로 이루어져 있지만, 원자의 이름은 양성자의 개수에 따라 정해져. 예를 들어 수소는 양성자 1개, 헬륨은 양성자 2개, 질소는 7개, 산소는 8개 이런 식이야. 퀴즈! 그럼 이 원자들에서 전자는 각각 몇 개일까? 맞

아. 양성자와 전자의 수는 같다고 했으니까, 수소는 전자 1개, 헬륨은 전자 2개, 질소는 전자 7개, 산소는 전자 8개를 가지지.

자, 이제 원자 쌍둥이 이야기를 다시 해보자. 양성자 수에 따라 원자의 이름이 정해진다고 했잖아? 양성자가 1개인 원자는 수소 원자야. 만약에 양성자 1개만 있는 아이와, 양성자 1개에 중성자 1개가 붙은 아이가 있으면 얘들은 뭐라고 불러야 할까? 이름은 양성자 수에만 영향을 받으니까 둘 다 '수소 원자'야. 그런데 똑같은 '수소 원자'여도 중성자 1개가 더 붙은 아이는 중성자가 없는 아이보다 분명히 더 무겁겠지? 마치 일란성 쌍둥이가 생김새는 똑같은데 몸무게는 다르듯 말이야. 이 둘은 쌍둥이야. 심지어 세 번째 쌍둥이도 있어. 양성자 1개에 중성자 2개가 붙은 수소도 있거든.

이 수소 원자들은 무거워지는 순서대로 수소, 중수소, 삼중수소라고 부르는데 서로 무게가 다른 일란성 세쌍둥이와 같아. 양성자 1개, 전자 1개가 있는 가장 가벼운 수소. 양성자 1개, 중성자 1개,

> 머리 스타일이 달라도 우리는 쌍둥이!

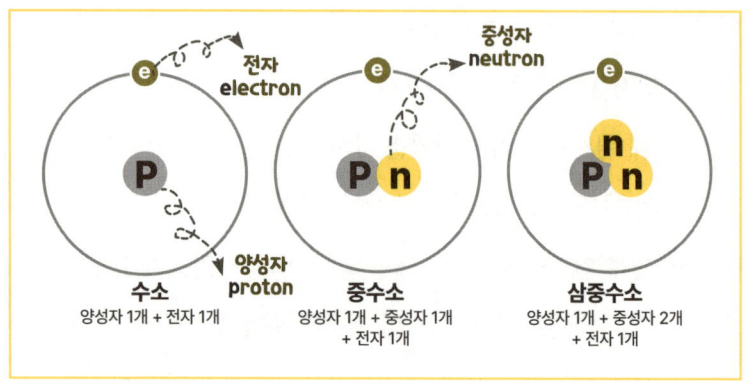

세쌍둥이 수소 원자의 구조

전자 1개가 있는 중수소. 양성자 1개, 중성자 2개, 전자 1개로 가장 무거운 삼중수소. 그런데 질량만 서로 다르고 화학적으로 하는 행동이나 생김새는 똑같아.

다른 원자들도 마찬가지야. 양성자 6개, 전자 6개를 가지고 있는 원자를 탄소 원자라고 해. 이 탄소 원자도 수소 원자와 마찬가지로 중성자 6개, 중성자 7개, 중성자 8개 등 중성자 개수가 다를 수 있어. 그래서 탄소 원자도 여러 쌍둥이가 있지.

신기하지? 세상에는 100개 남짓 되는 다양한 원자의 종류가 있는데, 각각의 원자들이 쌍둥이를 가질 수 있다니 말이야.

※ **한 줄 정리**

원자 이름은 양성자의 개수에 의해 정해진다.

※ **과학 문해력**

- **양성자**(陽밝을 양, 性성질 성, 子아들 자): 원자핵을 이루는 입자로, 양(+)의 성질을 가진다.
- **중성자**(中가운데 중, 性성질 성, 子아들 자): 원자핵을 이루는 입자로, 양(+)도 음(-)도 아닌 중간의 성질을 가진다.
- **전자**(電전기 전, 子아들 자): 원자핵 주변을 도는 입자로, 음(-)의 성질을 가진다.

※ **탐구왕 과학퀴즈**

원자의 중심에는 (① 원자핵 ② 전자)이(가) 있다.

03 원자의 종류마다 전자에 대한 욕심이 달라

키워드 원자의 전기음성도

   하나의 원자에는 같은 수의 양성자와 같은 수의 전자가 있다고 했어. 그런데 만약 원자에 붙어 있던 전자가 어떤 이유로든 휙 떠나가면 원자는 어떻게 행동할까? 어떤 원자가 어떠한 행동을 할지 미리 알 수 있는 방법은 무엇일까?

   친구들마다 성격이 다르지? 어떤 친구는 남들하고 같이 노는 것을 좋아하고 어떤 친구는 혼자 조용히 책 보는 것을 좋아해. 어떤 친구는 쉬는 시간마다 종이접기를 하고, 어떤 친구는 뭐든 던지고 날리기를 좋아해. 이렇게 사람마다 성격이 다르듯이 원자들도 종류마다 성격이 다 달라.

원자의 성격을 구분하는 기준은 아주 단순해. 원자가 전자를 가지고 싶은 욕심이 얼마나 큰지를 보는 거야. 이때 '전기음성도'라는 것을 이용하는데, 원자가 전자를 가지고 싶은 욕심이 클수록 원자의 전기음성도가 커져.

어떤 원자는 전자가 자신을 떠나면 부들부들 떨며 어떻게든 다시 찾아오려고 하고, 어떤 원자는 전자가 떠나도 '나 싫어서 갔어? 그러든지 말든지' 하고 말아. 어떤 원자는 전자를 더 가지고 싶어서 다른 원자에게서 전자를 빼앗으려 하지.

예를 들면 소듐 원자(Na, '나트륨'이라고도 불러)는 전자 욕심이 적어서 전기음성도가 작아. 그래서 다른 원자에게 전자를 쉽게 뺏겨. 염소 원자(Cl)는 전자 욕심이 많아서 전기음성도가 큰데, 기회가 되면 다른 원자의 전자를 막 빼앗으려 해. 만약 소듐 원자와 염소 원자가 만나면 어떤 일이 일어날까? 맞아. 염소 원자가 소듐 원자에게서 전자를 하나 확 빼앗아 오지.

이렇게 원자가 가진 전자에 대한 욕심의 크기를 미리 알면 서로 다른 원자들이 만났을 때 어떤 일이 벌어질지 예측할 수 있어. 그러니 원자마다 전자에 대한 욕심이 얼마나 다른지 미리 알면 좋겠지?

원자의 성격은 전자에 대한 욕심에 의해 결정된다.

- 전기음성도: 원자가 전자를 끌어당기는 정도.

❀ 탐구왕 과학퀴즈

원자가 전자를 끌어당기는 정도를 □□□□라고 한다.

04 욕심 많은 산소, 욕심 없는 수소

키워드 산소, 수소, 수소 결합

    수소 원자(H)에는 양성자 1개, 전자 1개가 있어. 산소 원자(O)에는 양성자 8개, 전자 8개가 있지. 그런데 수소 원자(H)와 산소 원자(O)는 성격이 정말 많이 달라.

    수소 원자(H) 2개와 산소 원자(O) 1개가 만나면 서로 팔을 내밀어 손을 잡아. 산소 원자가 가운데 있어. 그러면 물 분자(H_2O)가 돼. 이때 원자들은 손을 잡으면서 서로 전자를 하나씩 내놓는 거야. 마치 강아지 세 마리가 각자 가진 전자라는 밥을 내어 놓고 함께 먹기로 한 것처럼.

    수소(H) 강아지는 전자 밥에 대한 욕심이 적은데 산소(O) 강아지는 전자 밥 욕심이 엄청 많아. 산소의 '전기음성도'가 크다

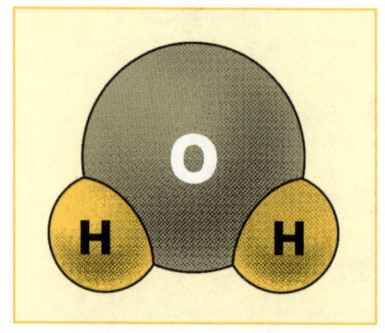

물 분자의 구조

는 뜻이지! 으르렁거리면서 밥그릇을 자꾸 자기 쪽으로 잡아당겨 와.

물 분자는 이렇게 생겼어. 이때 전자 밥은 구름처럼 생겼다고 상상해 보자. 산소 원자는 수소 원자의 전자까지 자기 쪽으로 잡아당기니까 산소 원자의 양성자는 다 가려지고 전자 밥만 보일 거야. 수소 원자는 전자 밥이 좀 멀어져서 양성자가 언뜻언뜻 보일 거고. 마치 구름 사이로 해가 보이듯 말이야.

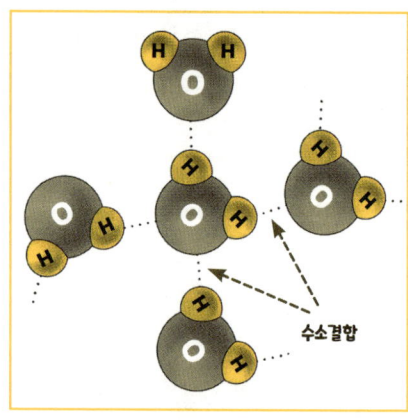

물 분자의 수소결합: 물 분자의 수소와 다른 물 분자의 산소가 서로 붙으려는 현상

양성자는 플러스 전하(또는 양전하), 전자는 마이너스 전하(또는 음전하)를 가지잖아? 결과적으로 하나의 물 분자 안에서 산소 원자는 전자가 원래보다 좀 더 많은 상태가 되니까 마이너스 전하를 가지게 되고, 수소 원자는 전자가 좀 적어진 상태가 되어서 플러스 전하를 가지게 되는 셈이야.

양전하와 음전하는 서로 좋아해. 어떤 물 분자에 있는 산소 원자는 음전하를 띠기 때문에 다른 물 분자에 있는 양전하를 띠는 수소를 보면 좋아하게 되지. 그래서 서로 가까이 다가가.

서로 다른 물 분자에 있는 수소 원자와 산소 원자는 서로 당기는 성질이 있는데 이를 '수소 결합'이라고 해. 수소 결합이 있어서 물 분자들끼리는 잘 뭉치는 거야. 물방울이 동그랗게 만들어지는 이유가 바로 물 분자들 사이의 끌어당기는 힘인 '수소 결합' 때문이지.

산소 원자 나쁘다고? 그렇네. 자기와 같이 있는 수소에게서 전자를 빼앗을 만큼 욕심을 부리면서 다른 물 분자의 수소 원자를 좋아하다니.

아무나 말고, 엄마아빠처럼 천생연분을 만나라고~!

한 줄 정리

물 분자의 산소는 다른 물 분자의 수소를 끌어당기기 때문에 물 분자들끼리는 서로 잘 뭉치는 성질을 보인다.

과학 문해력

- 분자(分나눌 분, 子아들 자): 물질이 가진 성질을 잃지 않고 나누어질 수 있는 가장 작은 단위.

탐구왕 과학퀴즈

서로 다른 물 분자에 있는 수소 원자와 산소 원자는 서로 당기는 성질이 있는데, 이를 □□□□이라고 한다.

05 원자계의 최강 인싸, 탄소 원자

키워드 탄소, 공유 결합

친구들 사이에서 유독 인기가 많은 애들 있지? 이 아이들을 중심으로 우르르 몰려다니기도 하고 말이야. 이런 친구들을 우리는 '인싸'라고 하지. 영어로는 'social butterfly'.

원자 세계에서 최강의 인싸는 누구일까? 바로 탄소 원자(C)야. 탄소 원자는 전자를 좋아하는 정도가 원자들 세계에서 중간 정도야. 욕심이 없는 것도 아니고 많은 것도 아니야. 그래서 다른 원자들이 좋아해. 탄소는 수소(H), 산소(O)뿐만 아니라 대부분의 원자와 결합할 수 있어. 누구와도 잘 어울리는 대단한 친화력을 가지지.

탄소(C)는 6개의 전자를 가지고 있는데 그중에 2개는 깊숙이

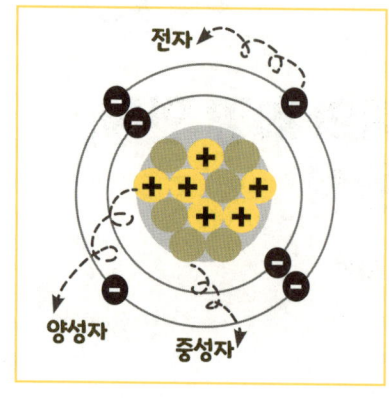
탄소 원자의 구조

숨겨 둬. 그리고 남은 4개의 전자를 원자의 맨 바깥에 두어서 탄소 원자는 손이 4개로 보여. 4개의 손으로 여러 원자와 악수를 하면서 이렇게 다 관계를 맺는 거야.

"야, 반갑다. 요즘 어떻게 지내?"

"학교 마치고 축구 경기하자고? 좋지!"

"아, 그런 일이 있었구나. 빨리 훌훌 털어내길 바랄게."

"알았어. 생일파티에 꼭 갈게!"

한편으로 생각하면 탄소는 좀 불쌍하기도 해. 4개의 손을 내밀고 다니는데, 이 4개의 손을 누군가와 꼭 맞잡아야 해.

원자 2개가 전자 하나씩을 내놓고 그걸 서로 맞잡은 것을 '공유 결합'이라고 해. 공유 결합을 하지 않으면 탄소는 불만에 가득 차서 많이 비뚤어져 버려. 분리불안 증세를 보이는 강아지 같다고나 할까?

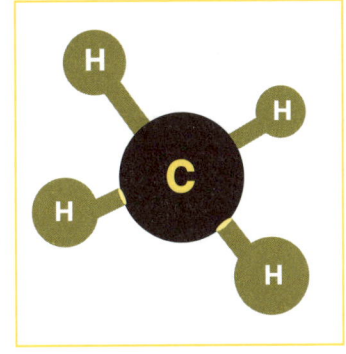 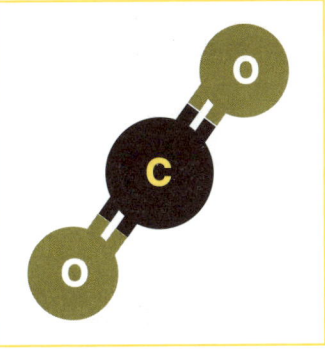

메테인 분자 구조　　　　　이산화탄소 분자 구조

메테인 분자(CH_4)의 경우, 탄소 원자 1개에 수소 원자 4개가 손을 잡고 있어. 이산화탄소 분자(CO_2)는 탄소 원자 1개에 산소 원자 2개가 만나는데, 탄소 원자는 손을 양쪽으로 2개씩 내밀어서 산소 원자들을 붙잡고 있어. 이렇게 두 원자가 서로 손을 2개씩 내밀어 잡는 것을 '이중 결합'이라고 해. 이산화탄소에는 2개의 이중 결합이 있지.

친구들 사이에서 늘 관심의 대상이 되는 것이 좋아 보일 때도 있지만, 인싸의 삶은 피곤하기도 해. 혼자 있으면 외로움을 많이 타서 어쩔 수 없이 인싸가 되어 버린 탄소. 남들은 탄소의 속사정을 잘 몰라.

한 줄 정리

탄소는 다른 원자와 안정적으로 공유 결합을 할 수 있으며, 여러 모양으로 결합할 수 있다.

과학 문해력

- **공유결합**(共함께 공, 有있을 유, 結맺을 결, 合합할 합): 원자 2개가 전자 하나씩을 내놓고 그것을 서로 맞잡는 것.

탐구왕 과학퀴즈

이산화탄소는 □□ 1개와 □□ 2개가 결합하여 만들어진다.

06 고상한 척하는 헬륨, 네온, 아르곤

키워드 여덟 전자 규칙과 귀족 기체

원자에는 탄소 원자(C)와 같은 '인싸'가 있지만, 자발적 아웃사이더인 '아싸'도 있어. 바로 헬륨(He), 네온(Ne), 아르곤(Ar)과 같은 원자들이야. 얘네들은 다른 원자들과 어울리는 것을 아주 싫어해. 아주 특별한 경우가 아니면 절대로 다른 원자와 손을 잡지 않아. 다른 원자들을 아주 하찮게 보지.

영화 속에서 볼 수 있는 아주 오래전 유럽 귀족들의 모습이 떠오르지? 다른 사람과 손을 잡으려면 반드시 손수건으로 손을 넣고 잡고, 악수한 뒤에는 그 손수건을 버려 버리지. '불결해. 하찮은 것들!' 그러면서 말이야. 먹고 사는 모든 것이 충족되니 특별히 일할 필요도 없고, 다른 사람들을 직접 만나서 사업할 필요도 없던 이들이지.

원자는 전자를 여러 층으로 두르고 있을 수 있어. 우리가 속옷을 입고 겉옷을 입듯이 말이야. 맨 바깥에 입은 옷이 단추까지 잘 잠겨져 있으면 단정하고 예뻐 보이지? 원자들 사이에서는 맨 바깥에 입은 옷에 있는 전자 단추 구멍이 전자로 모두 채워져 있으면 옷을 잘 입었다고 여겨져.

헬륨(He)은 전자 단추 구멍이 2개인 옷을 입고 있는데, 단추 2개가 잘 채워져 있어. 네온(Ne) 원자는 단추 구멍 2개를 다 채운 속옷을 입고 그 위에 단추 구멍 8개를 전자로 다 채운 겉옷을 아주 단정하게 입었어. 아르곤 원자는 전자 2개로 된 속

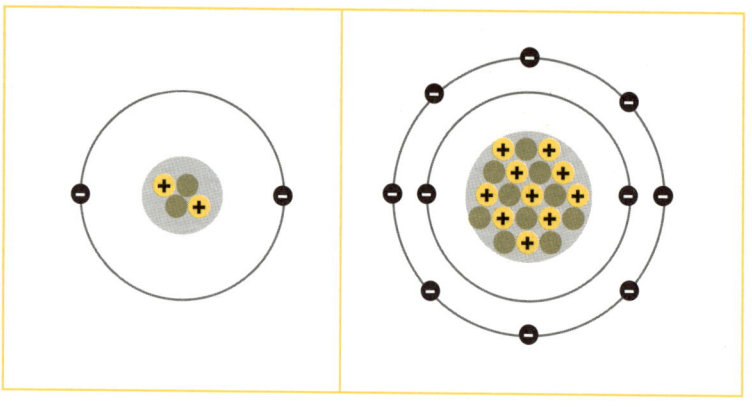

헬륨의 원자 구조   네온의 원자 구조

옷, 전자 8개로 된 겉옷, 그 위에 전자 8개로 된 망토까지 입었지. 이렇게 전자 옷을 잘 갖춰 입은 원자들을 '귀족 기체(noble gas)'라고도 해.

　이런 애들 주변에 있는 다른 종류의 원자들은 얘네가 얼마나 부럽겠어? 불소(F), 염소(Cl), 브로민(Br), 아이오딘(I), 아스타틴(At) 등 이 5개의 원소를 '할로겐'이라고 뭉쳐서 말하는데, 이런 할로겐이라는 원자들은 자신의 가장 바깥에 7개의 전자를 가지고 있어. 마치 겉옷에 단추 하나가 부족한 셈이야. 전자 하나만 더 가지면 귀족 기체처럼 맨 바깥에 두른 전자가 8개가 될 테니까 정말 간절하게 전자 1개를 더 원하지 않겠어?

　산소 원자(O)는 가장 바깥에 전자 6개가 있어서 2개의 전자를 더 가지고 싶어 해. 그래서 이런 애들은 욕심이 많아. 호시탐탐 다른 원지에게서 전자를 뺏어 오려고 하지. 많은 원자들이 이렇게 8개의 전자를 자신의 맨 바깥에 두르고 싶어 하는데, 이를 '여덟 전자 규칙'이라고 해.

그래서 원자 세계에서 제일 불량한 녀석들이 바로 불소(F)나 산소(O) 같은 원자들이야. 다른 종류의 원자들에게서 전자를 가져와서 맨 바깥 전자 옷을 전자 8개로 채우려는 것이지.

반면 소듐(Na, '나트륨'이라고도 불러), 포타슘(K, '칼륨'이라고도 불러)과 같은 원자들은 전자 1개를 버리려고 해. 가장 바깥층에 있는 전자 1개를 과감하게 포기하면 오히려 단정해 보여서 아주 좋거든!

원자 세계에도 귀족이 있고, 그 귀족을 닮고 싶어서 전자를 빼앗아 오려는 원자, 전자를 버리려는 원자도 있어. 참 재미있는 원자 세계야. 그렇지?

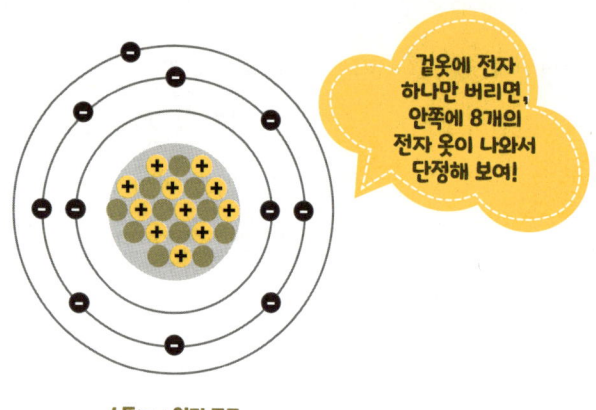

소듐(Na) 원자 구조

맨 바깥에 전자를 8개 두른 원자들은 다른 종류의 원자들과 어울리고 싶어하지 않아서 화학 반응성이 낮다.

- **여덟 전자 규칙**: 탄소와 같은 원자는 맨 바깥 궤도에 전자를 8개 두르고 있으면 안정한 상태가 된다.

헬륨이나 네온과 같이 다른 원자들과 어울리려고 하지 않는 원자를 □□기체라고 한다.

07 전자를 주거니 받거니, 이온의 탄생

키워드 이온과 이온 결합

  원자들은 태어날 때부터 불공평해. 각자 가진 양성자의 개수가 다 다르거든. 그렇지만 자기가 가진 양성자와 전자의 개수는 똑같아. 그래서 원자는 기본적으로 항상 중성이야. 플러스(+)나 마이너스(-) 성질을 띠지 않지. 수소 원자는 양성자 1개, 전자 1개를 가지고 태어나고, 탄소 원자는 양성자 6개, 전자 6개를 가지고 태어나.

  원자들은 전자에 대한 욕심이 있어. 사람마다 욕심이 다르듯이 원자들도 욕심의 크기가 달라. 사람마다 힘이 다르듯 원자들도 힘이 다 달라. 전자 욕심이 많고 힘도 센 원자는 힘이 약한 원자에게서 전자를 빼앗아 오지.

소듐(Na, 나트륨이라고도 불러) 원자와 염소(Cl) 원자는 성격이 극과 극이야. Na('엔에이'라고 읽자) 원자는 전자를 약하게 붙잡고 있고 전자에 대한 욕심이 별로 크지 않아. 그런데 Cl('씨엘'이라고 읽자) 원자는 욕심이 엄청 나. 힘도 세지.

이 둘이 만나면 어떤 일이 일어날까? 만나는 순간 Cl 원자가 "네가 가진 전자 내 놔" 하면서 바로 Na의 전자 1개를 빼앗아가. Na의 전자 수는 양성자 수보다 1개 적고, Cl의 전자 수는 양성자보다 1개 많아지지.

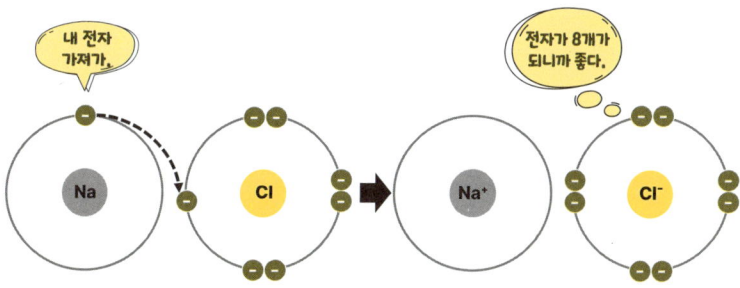

Na 원소와 Cl 원소가 맨 바깥 층에 있는 전자를 주고받으며 이온으로 바뀌는 과정

전자 하나를 빼앗긴 Na는 표시를 다르게 해. 양성자는 +, 전자는 - 성질을 띠는데, +와 -의 개수가 같을 때는 중성이다가 전자를 하나 빼앗겼으니 +가 하나 남는 상태가 되어서 'Na⁺'

(엔에이 플러스)라고 표시해 주는 거야. 전자를 하나 얻은 Cl도 표시를 다르게 해. - 성질을 띠는 전자가 1개 더 왔으니 'Cl⁻'(씨엘 마이너스)라고 써.

이렇게 Na^+와 Cl^-처럼 전자를 뺏기거나 얻어서 양전하나 음전하의 성질을 띠게 된 원자 또는 분자를 '이온'이라고 해. 양전하(+)를 띠는 이온은 양이온, 음전하(-)를 띠는 이온은 음이온.

전자를 빼앗긴 양이온 Na^+는 뭐라고 말할까?

"내 마음을 훔쳐 간 너! Cl⁻를 쫓아다니겠어!"

전자를 빼앗아 온 Cl⁻는 뭐라고 할까?

"나에게 소중한 전자를 준 Na^+를 내가 지켜줘야지! 작고 귀여워 보이기도 하고. 그래! 내가 함께해 줄게."

그래서 양이온과 음이온은 서로 좋아해. 뭔가 좀 이상하지만, 원자 세계에서의 사랑법은 그래. 그렇게 Na^+ 양이온과 Cl⁻ 음이온이 만나 NaCl('엔에이씨엘' 또는 '염화나트륨'이라고 읽어)이라는 덩어리를 만들어. 이게 우리가 먹는 소금이야.

앞으로 삶은 달걀을 소금에 찍어 먹을 때마다 소금 속에 들어 있는 양이온, 음이온들을 기억해 보렴. 전자를 뺏겨 홀쭉한 Na^+ 양이온, 전자를 빼앗아 먹고 배가 불러서 뚱뚱한 Cl⁻ 음이온!

한 줄 정리

전자에 대한 욕심이 아주 다른 원자들이 만나면 전자를 서로 주고받아 양이온과 음이온을 만들 수 있다.

과학 문해력

- 양전하(陽볕 양, 電전기 전, 荷멜 하): 물체가 띠고 있는 양(+)의 전기적 성질.
- 음전하(陰그늘 음, 電전기 전, 荷멜 하): 물체가 띠고 있는 음(-)의 전기적 성질.

탐구왕 과학퀴즈

전자를 뺏기거나 얻어서 양전하나 음전하의 성질을 띠게 된 원자 또는 분자를 □□이라고 한다.

08 소금은 왜 물에 잘 녹을까?

키워드 용해와 이온성 화합물

   소금은 Na^+ 양이온과 Cl^- 음이온이 위아래 직각으로 만나는 격자를 이루면서 상자처럼 육면체의 모양으로 뭉쳐지는 구조를 가져. 이렇게 뭉쳐진 것을 '결정'이라고 해.

   NaCl 결정에서 Na^+ 양이온은 양성자들의 수가 전자들의 수보다 1개 더 많아. Cl^- 음이온은 전자들의 수가 양성자들의 수보다 1개 더 많지. 그러니 Na^+ 양이온은 양성자의 기운이 넘실넘실, Cl^- 음이온은 전자의 기운이 넘실거려.

   산소 원자(O) 1개와 수소 원자(H) 2개가 만난 물 분자(H_2O)는 어떨까? 산소 원자가 수소 원자들로부터 전자를 완전히 빼앗지는 못했지만 열심히 끌어당기는 중이잖아. 그러니 산소 원자에게는 전자의 기운이 크게 느껴지고, 수소는 전자가 멀어져서 양성자의 기운이 크게 느껴지겠지.

소금을 물에 넣으면 어떻게 돼? 맞아. 녹아 버려. 녹는다는 현상을 화학적으로 어떻게 이야기할 수 있을까? 물속에서는 어떤 일이 벌어지는 걸까?

물속에 들어간 Na^+ 양이온은 전자가 하나 부족한 상태잖아? 소금 결정의 맨 바깥에 놓인 Na^+가 가까이에 있는 물 분자를 보니까 물 분자를 이루는 산소 주변에 음전하가 보이네? 양전하를 띠는 Na^+는 음전하를 띠는 산소에 끌려. 전자 욕심이 많아서 음전하를 띠는 산소도 양전하를 띠는 Na^+가 멋져 보여. 그래서 물 분자들이 소금 결정의 겉에 있는 Na^+를 떼어내어 물속으로 데려가는 거야.

소금 결정의 겉면에 붙어 있던 Cl^- 음이온도 마찬가지야. 물 분자에는 양성자의 기운이 커진 수소 원자가 있잖아. Cl^- 음이온은 물 분자의 수소에 마음이 끌려. 그래서 Cl^- 음이온도 물 분자들에게 잡혀서 물속으로 따라가게 돼.

이렇게 해서 소금 결정의 겉면에 있던 Na^+ 양이온과 Cl^- 음이온들이 하나둘 떨어져 나가면 소금 덩어리의 크기가 점차 줄

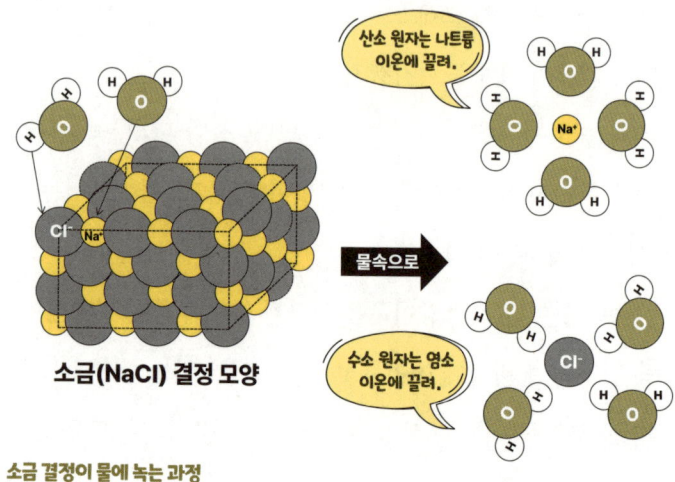

소금 결정이 물에 녹는 과정

면서 물에 다 녹아 버리는 거야.

소금에 있는 Na^+ 양이온과 Cl^- 음이온들은 서로를 좋아하지만, 물 분자들이 떼로 몰려와서 유혹하면 서로를 잊게 돼. 이것이 바로 소금이 물에서 잘 녹는 이유야. 이렇게 어떤 물질이 물에 녹는 것을 '용해'라고 해.

한 줄 정리

소금의 Na^+ 양이온과 Cl^- 음이온이 물 분자를 만나면, 이들은 물 분자의 산소, 수소 원자에게 각각 전기적으로 이끌려서 결국 녹게 된다.

과학 문해력

- 용해(溶녹을 용, 解풀 해): 녹거나 녹인다는 뜻으로, 두 가지 이상의 물질이 골고루 섞이는 현상.

탐구왕 과학퀴즈

소금($NaCl$)이 물에 녹게 되면 Na^+나 Cl^-의 □□이 생긴다.

09 원자가 짝꿍을 만들면 분자

키워드 원자의 공유 결합과 분자

세상에는 다양한 원자가 있어. 고고한 귀족 기체 원자를 제외하고 나머지 원자들은 무조건 다른 원자들과 같이 있기를 원해. 왜 그럴까? 이유는 하나야. 외로워서 그래. 사람하고 똑같아.

학교에 갔을 때 반갑게 반겨 주는 친구가 아무도 없다면, 늘 같이 놀던 친구가 아파서 혼자서 밥을 먹어야 한다면, 집에 돌아왔는데 엄마도 아빠도 아무도 없다면 많이 외롭겠지? 원자들도 이런 외로움이 싫어서 짝꿍을 만들고 함께 다녀. 이렇게 원자들이 손잡고 분자가 되면 마음이 편해져서 잘 지내.

같은 종류의 두 원자는 모든 것을 똑같이 나누면서 지낼 수 있어. 수소 원자가 다른 수소 원자와 전자를 하나씩 내밀면서 손을

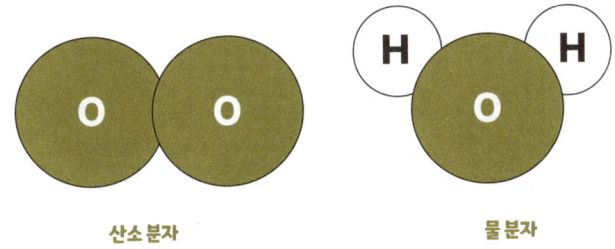

산소 분자 물 분자

잡아. 전자를 빼앗는 것이 아니라 '공유'하는 거지. 하지만 기회가 되면 다른 친구들도 사귀어. 수소 원자가 산소 원자를 만나서 물 분자를 만들듯이 말이야. 이렇게 원자가 다른 원자와 전자를 공유하여 서로 손을 맞잡는 것을 '공유 결합'이라고 했지.

한 원자가 다른 원자의 전자를 완전히 빼앗으면 이온들이 만들어지지만, 분자 안에서 원자들은 공유 결합으로 손잡고 다니는 친한 친구가 되지.

욕심을 좀 많이 부리는 친구가 있어도 너그럽게 양보를 많이 하는 친구를 만나면 둘은 친하게 지낼 수 있어. 수소 원자(H)는 전자 욕심이 별로 없어. 그런데 염소 원자(Cl)는 전자에 대한 욕심이 많아. 염소 원자기 전자를 자기 쪽으로 세게 끌어오겠지만 수소는 그러려니 하면서 친하게 지내. 이게 염산(HCl)이라는 분자야.

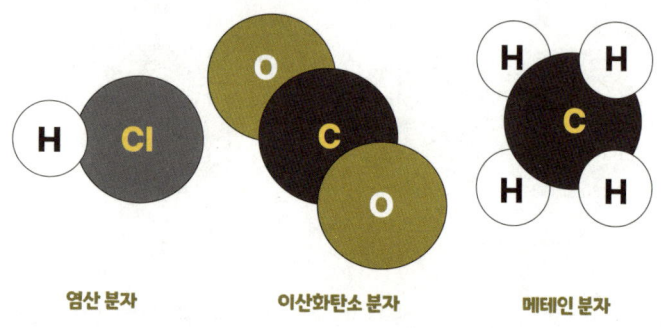

염산 분자　　　이산화탄소 분자　　　메테인 분자

　때로는 한 친구가 아주 너그러워서 욕심 많은 두 친구와도 같이 어울려 다닐 수 있어. 탄소 원자 1개에 전자 욕심 많은 산소 원자 2개가 양옆에 붙은 이산화탄소(CO_2)라는 분자의 경우야.
　탄소 원자 1개에 수소 원자 4개가 붙어서 다닐 수도 있어. 그럼 메테인(CH_4)이라는 분자가 되지.
　한편 산소 원자는 혼자가 되면 엄청나게 성질을 부려서 누구든 만나면 다 부수어 버리기도 해.
　어때? 원자, 분자 세계도 사람 사는 세상과 비슷하지? 이것만 기억하면 좋을 것 같아.
　'원자를 외롭게 하면 포악해진다.'
　'원자는 외로움을 못 이겨서 분자를 만든다.'

원자는 다른 원자와 공유 결합하며 분자를 만든다.

서로 다른 원자가 공유 결합하면 □□가 된다.

10 소금은 왜 잘 쪼개질까?

키워드 이온성 결합, 이온성 화합물

    소금에는 Na^+ 양이온과 Cl^- 음이온들이 차곡차곡 쌓여 있어. Na^+ 양이온 앞과 뒤, 왼쪽과 오른쪽, 위와 아래에 총 6개의 Cl^- 음이온들이 둘러싸고 있어. 마찬가지로 Cl^- 음이온 앞과 뒤, 왼쪽과 오른쪽, 위와 아래에 총 6개의 Na^+ 양이온들이 둘러싸고 있어. 소금 덩어리 안에서 Na^+ 양이온의 개수와 Cl^- 음이온의 개수가 같아.

    다음 그림을 보면 금방 이해가 될 거야. 작은 공이 Na^+ 양이온이고 큰 공이 Cl^- 음이온이야.

    왜 이렇게 서로 뭉쳐 있냐고? 양이온은 음이온하고 사이가 무지하게 좋아. 그래서 최대한 많은 음이온에 둘러싸이기를 바라지. 음이온도 마찬가지야. 최대한 많은 양이온에 둘러싸이기를 바라. 그래서 빈틈없이 격자로 붙어 있어. 그런데 양이온은 양이온을 엄청 싫어해. 음이온은 음이온을 싫어하지. 같은 이온들끼리는 서로 옆에 붙어 있는 것을 아주 아주 싫어한단다.

만약 소금 결정에 화살표 방향으로 살짝만 힘을 주면 어떻게 될까? 큰 공이 큰 공 옆으로, 작은 공이 작은 공 옆으로 가게 되겠지? 서로 싫어하는 아이들끼리 옆에 붙게 되니까 모두 서로를 밀쳐 낼 거야. 그래서 힘을 준 부분이 탁! 쪼개져 버리게 되지.

두루두루 다 친하게 지내면 좋을 텐데, 이온들은 자기와 다른 친구들만 좋아해.

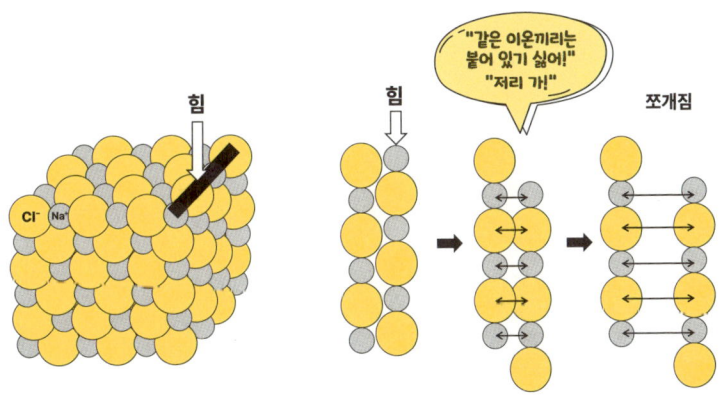

소금(NaCl) 결정에 힘을 주면 쪼개지는 원리

초등일타과학

같은 종류의 이온끼리는 서로 밀쳐 낸다.

- **결정**(結맺을 결, 晶맑을 정); 원자나 이온들이 규칙적으로 배열하고 있는 고체 상태의 물질.

양이온은 양이온을 (① 당기고, ② 밀어내고) 음이온을 (③ 당긴다, ④ 밀어낸다).

11 금속은 두들기면 펴진다! 왜?

키워드 금속 결합, 자유전자

금, 은, 구리, 알루미늄과 같은 금속 원자들에게는 공통적인 성격이 있어. 전자에 대한 욕심이 그다지 많지 않아. 이런 금속 원자들을 아주 많이 모아 두면 어떤 일이 벌어질까? "우리 그냥 전자를 좀 나누어 쓰면 어떨까?"라고 하지 않겠어?

금속 원자의 핵을 이루는 양성자와 중성자는 무거우니까 잘 움직이지 못해서 제자리에

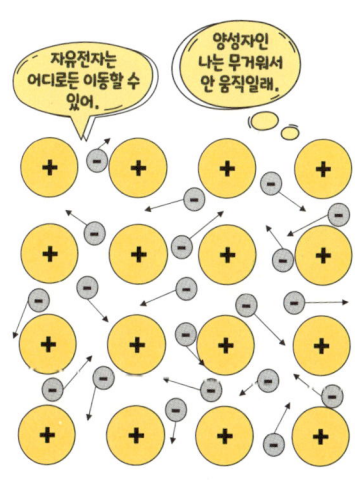

금속 원자에서 자유롭게 이동하는 전자의 모습

있지만, 금속 원자의 가장 바깥에 있는 전자들은 금속 원자 사이를 마음대로 다닐 수 있어. 이 전자들은 자유롭게 다닌다고 해서 '자유전자'라고 불러. 전자가 금속 핵 사이를 잘 돌아다녀서 금속은 전기가 잘 통해.

NaCl과 같은 결정은 망치로 살짝만 쳐도 쫙 갈라지잖아? 금속 원자들이 뭉친 금속 결정은 어떨까?

금속을 망치로 쾅쾅 내리치면 금속 원자핵의 위치가 바뀌겠지? 근데 기억해야 할 것이 하나 있어. 전자는 원자핵에 있는 양

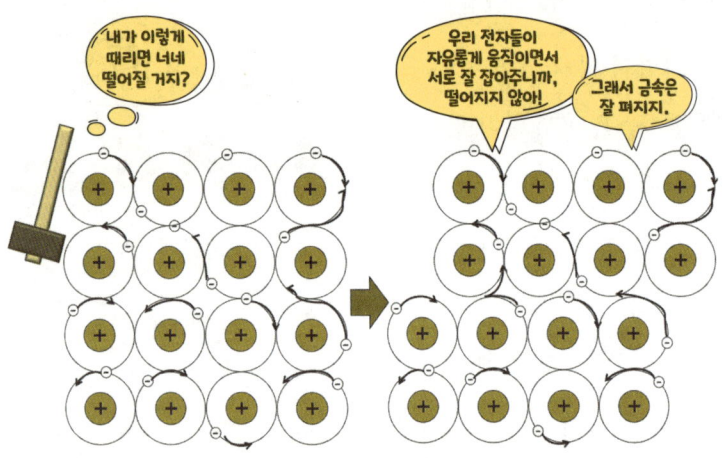

금속 덩어리에 힘을 가하면, 자유전자가 금속 원자를 꼭 잡고 있어서 부러지지 않고 이동한다.

성자를 좋아해. 양성자도 전자를 좋아하고 말이야. 그래서 서로를 붙잡으려고 해. 게다가 금속 원자는 전자들이 자유롭게 다닐 수 있어서 원자핵들의 위치가 바뀌어도 자유전자들이 유연하게 그 사이를 돌아다니며 원자핵들을 붙잡아 줘. 그러니까 소금처럼 깨지지 않는 거야.

금속은 두들기면 펴져. 특히 금과 같은 금속은 아주 얇게 펼 수 있지. 어떤 모양으로도 만들 수 있고.

너 뭐해? 엄마 금반지를 두들겨서 목걸이를 만들겠다고? 고마운데, 금목걸이가 너무 얇아지지 않을까?

한 줄 정리

금속은 자유전자가 있어서 전기가 잘 통하고 잘 펴진다.

과학 문해력

- **금속**(金쇠 금, 屬무리 속): 일반적으로 고체 상태로 있고, 열과 전기를 잘 전달하며, 펴지거나 늘어나는 성질을 가진 물질.
- **자유전자**(自스스로 자, 由말미암을 유, 電전기 전, 子아들 자): 원자핵 사이를 자유롭게 돌아다니는 전자.

탐구왕 과학퀴즈

금속을 이루는 원자에 속하는 전자로, 원자핵에만 붙어 있지 않고 금속 내에서 자유롭게 이동할 수 있는 전자를 □□□□라고 한다.

2 단원

기체의 성질

• • •

과학 교과 연계
초 3-2, 5-1, 6-1
중 1

12. 기체로 잘 바뀌는 분자의 모양은?

키워드 분자의 모양과 물질의 상태

원자들은 어떨 때는 서로 전자를 빼앗기거나 뺏고(이온 결합), 어떨 때는 전자를 공유하면서 살아가(공유 결합).

원자 한쪽의 힘이 아주 세면 전자를 완전히 빼앗아서 음이온이 되고 전자를 완전히 빼앗긴 쪽은 양이온이 돼. 재미있는 것은 전자를 빼앗은 애와 전자를 뺏긴 애가 서로를 아주 좋아한다는 거야. 소금이 그 대표적인 예지. Na^+와 Cl^-는 서로 아주 좋아하잖아.

2개 이상의 원자가 결합하면 분자가 된다고 했지? 산소 원자 1개와 수소 원자 2개가 만나면 물 분자(H_2O)가 돼. 근데 산소가 전자 욕심이 많아서 산소 쪽에 음전하가 생기고 수소 쪽에 양전하가 생겨. 하나의 물 분자에서 산소 원자는 다른 물 분자의 수소 원자에게도 끌려서 물 분자들끼리 서로 잘 뭉쳐. 그래서 물은 100도까지 뜨거운 열이 가해져야 끓어. 끓는다는 것은 뭉쳐 있던 물 분자가 서로 손을 놓고 멀리 날아간다는 이야기야.

평상시의 기온을 상온이라고 하는데, 상온에서 물의 안정적인 상태는 액체야. 물처럼 분자 구조 속에 양전하와 음전하가 생긴 애들은 분자들끼리 서로 강하게 끌어당기고 있어. 어떤 분자가 "나 기체가 되어 날아가고 싶어"라고 해도 다른 분자들이 안 놓아 줘. 상온에서는 서로를 붙잡는 힘이 날아가려는 힘보다 더 세서, 그 상태를 유지하게 되지.

분자 중에는 전자를 좋아하는 정도가 비슷한 원자들끼리 뭉친 애들이 있어. 수소 분자의 경우 수소 원자 2개로 이루어져 있는데, 수소 원자들은 서로 전자를 공유하고 있고 한 쪽이 완전히 빼앗지 않아. 산소 분자도 마찬가지야. 산소 원자 2개가 전자를 사이좋게 공유하고 있어.

메테인은 탄소 원자 1개가 가운데 있고 수소 원자 4개가 둘러싸고 있는데, 탄소와 수소는 전자를 좋아하는 정도가 비슷해. 그래서 서로 전자 욕심을 안 내고 탄소 원자, 수소 원자 사이에

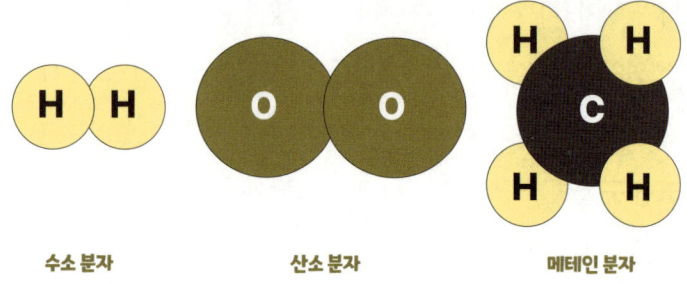

수소 분자　　　　산소 분자　　　　메테인 분자

서 전자를 공유해.

　혼자서 고고한 헬륨, 네온, 아르곤과 같은 원자들도 있어. 얘네들은 다른 원자나 분자와 같이 어울리는 것 자체를 싫어하지.

　수소나 산소, 메테인 같은 분자들은 아주 작고 짜리몽땅하고 동글동글해. 그리고 분자 내에 양전하와 음전하가 생기지 않아. 이런 아이들은 기체가 잘 된단다. 전자에 대한 욕심이 비슷한 아이들끼리 뭉쳐서 전자를 사이좋게 공유하면 하늘을 자유롭게 날아다니는 기체 분자가 될 수 있는 거야.

　그런데 브로민 분자도 같은 원자 2개가 만났는데 상온에서 액체 상태야. 왜냐고? 브로민 원자는 전자를 무려 35개나 가지고 있거든. 양성자도 중성자도 많아서 무거워. 전자도 많으니까 출렁거려서 날아가기 어려워.

그러니까 기체가 되려면 조건이 하나가 더 붙어. 가벼워야 해. 무거운 분자는 잘 날지 못해. 거 참. 분자도 가벼운 애들만 날아갈 수 있네. 무거운 분자들은 억울해!

❀ 한 줄 정리

가볍고 작고 짧거나 동글동글한 구조의 분자는 기체가 되기 쉽다.

❀ 과학 문해력

- 상온(常항상 상, 溫온도 온): 일정하게 따뜻한 정도, 즉 가열하거나 냉각하지 않은 자연 그대로의 기온.

❀ 탐구왕 과학퀴즈

상온에서 기체가 잘 되는 분자는 분자 내에 양전하와 음전하가 하나씩 생기지 않으며 (① 가볍다, ② 무겁다).

13 이산화탄소는 댄스왕

키워드 분자 운동, 온실효과

분자들은 흥이 많아. 춤추는 것을 좋아해. 그중에서도 춤을 잘 추는 대표 분자는 바로 이산화탄소! 이산화탄소는 아주 특이해. 빛을 먹어서 에너지를 품고 있다가 뱉어내거든.

빛은 크게 눈에 보이는 빛과 눈에 보이지 않는 빛으로 나뉘는데, 눈에 보이는 빛을 '가시광선'이라고 해. 가능할 가(可)에 보일 시(視)를 써서, 볼 수 있는 광선(빛)이라는 뜻이야. 눈에 보이지 않는 빛에는 여러 가지가 있는데 자외선과 적외선도 있어.

무지개는 빨주노초파남보 여러 가지 색이잖아? 이게 바로 눈에 보이는 가시광선이야. 빛은 종류마다 다리 길이가 달라. 우리 눈에 가시광선 만큼의 다리 길이를 가진 빛은 보이지만, 그보다 더 짧거나 길면 우리 눈에 보이지 않아. 이러한 빛의 다리 길이를 '파장'이라고 해.

빨간빛보다 파장이 긴 빛이 바로 붉을 적(赤), 밖 외(外)를 쓴 적외선이야. 보랏빛보다 파장이 짧은 빛도 눈에 안 보여. 바로 보랏빛 자(紫), 밖 외(外)를 쓴 자외선이야. 한여름에 바깥에서 물놀이할 때 우리 몸을 새카맣게 태우는 게 바로 자외선이야. 자외선은 눈에 보이지 않지만, 에너지가 커서 몸에 닿으면 우리 피부는 힘들어해. 그래서 스스로 보호하려고 멜라닌 색소를 막 만들어내서 피부가 까맣게 타.

이산화탄소는 빛 중에서 적외선을 만나면 빛 에너지를 흡수해. 이산화탄소는 댄스왕이라 몸을 부르르 떨며 춤추는데, 이때 흡수했던 에너지를 뱉어내기도 해. 에너지를 다시 적외선으로 바꿔서 말이야. 이산화탄소가 적외선을 먹고 뱉는 과정이 지구에 도움되기도 해. 어떻게 도움을 주는지 한번 알아볼까?

공기 중에는 질소, 산소, 수증기가 많이 있어. 이산화탄소가 태양으로부터 적외선을 받아서 에너지를 흡수해. 에너지를 머금고 날아다니다가 다른 공기 분자들에게 부딪혀. 그러면서 이산화탄소가 머금었던 에너지를 뱉게 되지. 그 에너지를 다른 기체 분자들이 전달받는 거야.

다른 기체 분자들의 기분은 어떨까? 이산화탄소가 춤추면서 막 부딪히더니 에너지까지 쏟고 가서 화가 나. 화가 머리끝까지 치솟은 질소, 산소, 수증기 같은 기체 분자들은 전보다 더 빨리 날기 시작해. 더 빨라진 공기 분자가 사람의 몸에도 부딪히면서 열을 전달하니 사람은 따뜻함을 느끼지. 한여름에 햇빛을 피해 그늘에 있어도 공기 분자가 열을 전달하니까 계속 더워.

이렇게 공기가 데워지면 좋은 점이 있어. 지구를 따뜻하게 만드는 건 기본적으로 햇빛의 역할이지만, 해는 낮에만 뜨잖아.

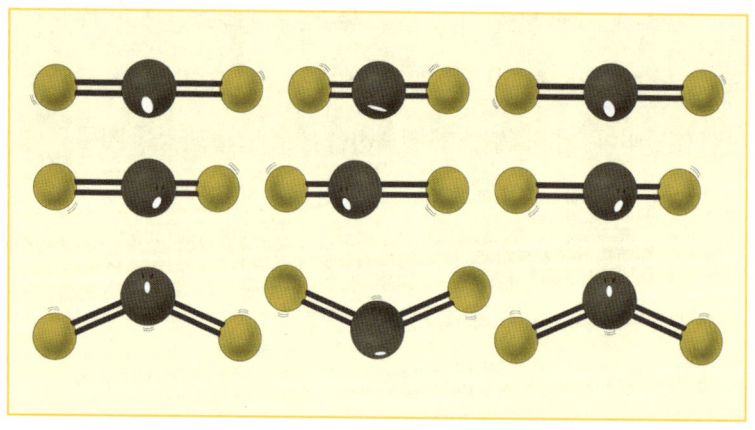

이산화탄소는 부르르 몸을 떨면서 춤을 춘다.

햇빛이 없는 밤에도, 낮에 따뜻해진 공기가 이불처럼 지구를 덮어 주는 거지. 또 낮에 데워진 땅에서 적외선이 방출되는데, 이 적외선을 이산화탄소가 잡아두니까 밤에도 따뜻함이 오래 갈 수 있어. 만약 지구에 공기가 전혀 없다면 낮에는 따뜻해도 밤에는 무지무지 추울 거야. 식물을 기르는 온실을 떠올려 봐. 비닐로 덮인 온실 안은 한겨울에도 열이 가두어져서 따뜻하지? 이산화탄소와 같은 기체가 지구를 따뜻한 온실처럼 만드는 것을 바로 '온실 효과'라고 해.

그런데 말이야. 이불은 필요하지만, 이불이 너무 두꺼우면 무겁고 더워서 잠을 못 자겠지? 우리 지구가 그래. 지구의 공기 속에 이산화탄소가 자꾸 늘고 있어. 이산화탄소가 늘어나서 적외선이 잘 빠져나가지 못하고, 이 적외선의 에너지를 다른 기체 분자들에게 주어서 공기가 뜨거워지고 있어. 이산화탄소 이불이 계속 두꺼워진다면 지구의 많은 생명체가 멸종하고 말 거야.

전기를 낭비하고, 일회용 플라스틱 제품을 쓰고, 건물을 부수고 짓는 행동을 많이 할수록 이산화탄소는 공기 중에 쌓이고, 지구는 점점 더 더워져. 우리의 일상이 편리해지는 만큼 지구가 힘들게 되지. 어떻게 하면 지구가 덜 힘들지 생각해 보자.

❀ 한 줄 정리

대기 중에 이산화탄소가 많아질수록 대기 온도가 올라가면서 지구 온도가 상승한다.

❀ 과학 문해력

- **온실효과**(溫따뜻할 온, 室집 실, 效효과 효, 果결과 과): 태양에서 온 열이 지구로 들어와서 나가지 못하고 순환되는 현상. 한겨울에도 따뜻함을 유지하며 식물을 재배하는 공간인 온실, 비닐하우스와 같은 작용을 한다는 데서 '온실효과'라 한다.

- **적외선**(赤붉을 적, 外바깥 외, 線줄 선): 빛의 스펙트럼에서 가시광선의 붉은색 바깥쪽에 있는 빛.

- **자외선**(紫보라빛 자, 外바깥 외, 線줄 선): 빛의 스펙트럼에서 가시광선의 보라색 바깥쪽에 있는 빛.

❀ 탐구왕 과학퀴즈

□□□□□와 같은 기체가 지구를 따뜻한 온실처럼 만드는 것을 '온실효과'라고 한다.

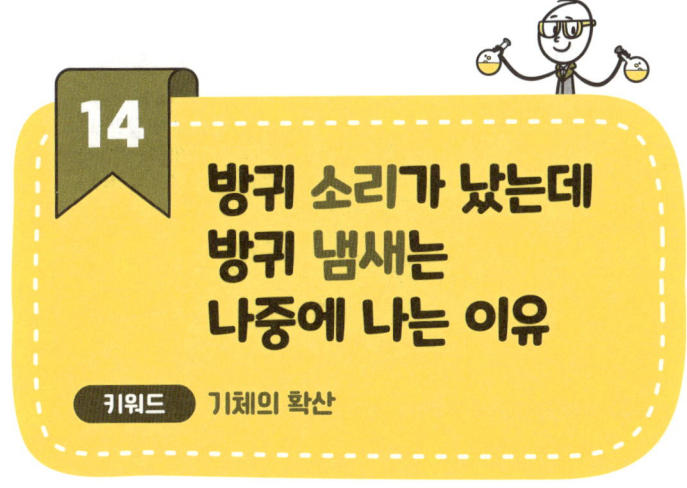

14
방귀 소리가 났는데 방귀 냄새는 나중에 나는 이유

키워드 기체의 확산

    방귀 냄새의 원흉은 황화수소(H_2S)야. 이 기체 분자는 1초에 무려 460미터를 날아갈 수 있어. 소리는 1초에 340미터를 갈 수 있으니 냄새가 소리보다 빨리 이동할 수 있지. 그런데 이상하지 않아? 냄새 분자는 이렇게나 빠른데, 왜 방귀를 뀌고 나서 시간이 좀 지나야 냄새가 날까?

    공기는 수많은 기체 분자로 가득 차 있어. 사람들로 가득 찬 콘서트장을 떠올려 봐. 수천, 수만 명이 가득 차 있으면 제아무리 달리기가 빠른 사람이라도, 사람들 틈새를 빠져나가는 데 시간이 걸리겠지?

100미터를 움직였어도, 이리저리 구불구불 가면 멀리 갈 수 없다.

방귀 냄새 분자도 마찬가지야. "나는 1초에 460미터는 기본이라고!" 하면서 큰소리 쳤지만, 앞에는 산소 분자, 옆에는 질소 분자, 좀 더 가니 물 분자들이 막 부딪쳐.

"실례합니다." "Excuse me."

아무리 외쳐도 너무너무 붐벼서 속도를 낼 수 없어. 앞으로 가고 싶지만 뒤로 튕겨 나오기도 하고 옆으로 튕기기도 하니까 1미터를 가는 데도 오래 걸리지. 냄새 분자는 1초 동안 무려 460미터를 달렸지만, 시작 지점과 도달한 지점 사이의 거리는 1미터도 안 될 수 있는 거야. 이런 많은 분자 사이에서의 분자 움직임을 '확산'이라고 해. 기체의 확산 속도는 실제 기체 분자의 속도보다 훨씬 느리지.

그래서 아빠가 방귀를 뿌웅~ 하고 많이 뀌어도 우리가 살아남을 수 있는 거야. 방귀 냄새 분자들이 오다가 옆으로 많이 퍼져 버리니까 말이야.

기체의 실제 속도는 매우 빠르지만, 대기 중의 많은 기체 분자 때문에 이동에 방해를 받는다.

- 확산(擴넓힐 확, 散흩을 산): 넓게 흩음, 물질을 이루는 분자들이 밀도나 농도가 높은 곳에서 낮은 곳으로 퍼져 나가는 현상.

탐구왕 과학퀴즈

물질을 이루는 분자들이 스스로 운동하여 멀리 퍼져 나가는 현상을 □□이라고 한다.

15 뾰족한 것들은 조심해야 해

키워드 압력과 면적

뾰족한 바늘로 풍선을 콕 찌르면 펑! 하고 터져. 그런데 손바닥으로 풍선을 아주 세게 때리면 풍선은 다른 데로 날아갈 뿐 터지지 않아. 왜 그럴까?

'힘'을 그 힘을 받는 '면적'으로 나눈 것을 '압력'이라고 해. 예를 들어 같은 크기의 종이 100장을 이어서 붙인 다음 100이라는 힘으로 때렸다면, 종이 한 장이 받는 압력은 1이야. 그런데 그 종이 한 장 면적의 1만분의 1밖에 안 되는 작은 종이에 똑같이 100이라는 힘을 주게 되면, 이 아주 작은 종잇조각이 받는 압력은 100만이 돼.

손바닥의 넓이가 100이라면 바늘 끝의 넓이는 1만분의 1

보다도 작아. 그러니 풍선에 손과 바늘이 같은 힘을 주어도 바늘 끝에서 느껴지는 압력은 손바닥 아래에서 느껴지는 압력보다 적어도 100만 배나 큰 셈이지. 그래서 바늘로 살짝만 콕 찔러도 풍선이 터지는 거야.

많은 무기의 끝이 뾰족한 이유야. 화살촉도, 창도, 칼끝도 뾰족해. 별로 힘을 안 들여도 쑥 들어가 버리니까 손쉽게 동물을 사냥할 수 있어. 우리 조상들이 무서운 맹수와 싸워 이기고 멧돼지와 같이 큰 사냥감을 잡을 수 있었던 이유가 바로 이런 뾰족한 무기를 만들 수 있었기 때문이야.

평소에 뾰족한 도구들을 다룰 때 왜 조심해야 하는지 알겠지? 살짝만 스쳐도 뾰족한 부분에 찔려서 피가 나니까.

어? 동생의 입이 뾰족해졌네? 자기와 안 놀아 준다고. 뾰족한 것들은 조심해야 하니까 우리 어서 동생하고 놀아 주자. 뾰족한 입이 쭉 늘어나게 말이야.

한 줄 정리

압력 = 힘 ÷ 면적(맞닿은 넓이). 힘이 클수록 또는 힘을 받는 면적이 작을수록 압력은 커진다.

과학 문해력

- **압력**(壓 누를 압, 力 힘 력): 누르는 힘. 두 물체가 맞닿은 면에서 면에 직각 방향으로 누르는 힘, 또는 그 힘의 크기.

탐구왕 과학퀴즈

같은 힘을 주었을 때 다음 중 어느 쪽의 압력이 클까요?
① 손바닥으로 때릴 때 ② 바늘로 찌를 때

16 누구나 저마다의 공기 기둥을 머리에 이고 살지

키워드 중력과 기압

공기 속에는 수많은 기체 분자가 있어. 질소 분자, 산소 분자, 이산화탄소 분자, 물 분자 등 종류도 다양하고 양도 많아.

우주에서 지구를 찍은 사진을 보면 지구 주변이 뿌옇게 보이지? 저 하늘 높은 곳까지 기체 분자들이 가득 차 있어서 그래.

가벼운 기체 분자들이 먼 우주로 도망가지 않고 어떻게 지

우주에서 바라본 지구

구 주변에 머무를 수 있을까? 물건을 놓치면 바닥으로 떨어지잖아? 왜 그럴까? 이미 알고 있다고? 맞아. 중력 때문이야. 지구가 물체를 잡아당기는 힘이지. 기체도 마찬가지로 중력의 영향을 받아.

지구에서 멀리 떨어져 있는 기체 분자들은 지구가 약하게 끌어당기지만, 가까이 있는 기체 분자들은 상당히 세게 끌어당겨. 그래서 지구 중심에 가까운 지표면일수록 기체 분자들이 더 빼곡하게 있어. 우리가 높은 산에 올라가면 숨쉬기 힘들어지는 게 바로 공기가 부족해서야.

지구에는 산처럼 높은 곳도 있고 바다처럼 낮은 곳도 있지? 만약 사람이 높은 산에 서 있으면 어떨까? 높은 산에 서 있는 사람의 머리 위에 놓인 공기 기둥은 바다 근처에 있을 때보다 좀 더 짧고, 주변의 공기도 덜 빼곡할 거야.

높은 산에 있는 사람과 바닷가에 선 사람이 머리에 지고 있는 공기 기둥을 비교해 보자. 공기 기둥에는 기체 분자가 가득해. 산에 있는 사람보다 바닷가에 있는 사람의 머리 위 공기 기둥이 더 길지. 그래서 바다 근처에 있는 사람이 머리에 이고 있는 공기 기둥이 더 무거워. 더 무거운 물체가 머리를 누르기 때문에

높은 산 위에 있는 사람과 바닷가에 선 사람이 지는 공기 기둥의 크기 비교

바다 근처가 높은 산보다 압력이 훨씬 더 높아.

이렇게 지구를 둘러 싼 공기의 무게로 받는 압력을 '대기압' 또는 '기압'이라고 해. 기압의 차이를 '기압 차'라고 하고.

아빠가 소파에서 꾸벅꾸벅 졸고 계시네. 아빠의 큰 머리 위에 놓인 공기 기둥을 생각해 봐. 많이 무겁겠지? 공기 기둥도 무겁고 머리도 무겁고. 그래서 아빠 목이 저렇게 굵은 거야. 그것 다 받치고 사느라고. 가족을 위해 열심히 살고 있는 아빠에게 뽀뽀 한번 해 주자.

너는 머리가 작으니까 네가 이고 있는 공기 기둥은 아빠가 이고 있는 공기 기둥보다 더 가늘고 가벼워. 하지만 압력은 힘 나누기 면적이라는 것 기억하지? 네 머리의 면적이 작으니까 아빠나 너나 머리에 받게 되는 기압은 같단다.

공기가 지구 표면을 누르는 힘은 높은 산보다 낮은 곳으로 올수록 더 커진다.

- 중력(重무거울 중, 力힘 력): 지구와 물체가 서로 잡아당기는 힘.
- 기압(氣공기 기, 壓누를 압): 공기가 누르는 힘. 공기의 무게에 의해 생기는 압력. 주위보다 기압이 높은 곳을 '고기압', 주위보다 기압이 낮은 곳을 '저기압'이라고 한다.

산 위에서의 기압은 땅에서의 기압보다 (① 크다, ② 작다).

17. 입으로 분 풍선은 왜 떠오르지 않을까?

키워드 기체의 무게

　공기 중에는 질소, 산소, 이산화탄소, 물 등 여러 가지 종류의 분자들이 기체 상태로 있어. 사람마다 체중이 다르듯이 기체 분자들도 어떤 친구는 가볍고 어떤 친구는 무거워. 수소 분자는 2, 헬륨 원자는 4, 물 분자는 18, 질소 분자는 28, 산소 분자는 32, 이산화탄소 분자는 44, 이렇게 질량이 다 달라.
　지구는 무거운 애들을 더 강하게 잡아당기잖아? 가벼운 수소나 헬륨은 휘익~ 하고 하늘로 날아가 버려. "지구는 날 좋아하지도 않는데, 뭘!" 그러면서.
　우리가 마시는 공기에는 질소가 가장 많고, 두 번째로 산소가 많아. 그런데 헬륨 풍선은 풍선의 고무 무게 때문에 조금 무거워지긴 하지만 질소나 산소보다 훨씬 더 가벼운 헬륨이 들어 있으니 같은 부피의 주변 공기보다 훨씬 가벼워. 그러니 헬륨 풍선에 매달린 줄을 놓치면 하늘로 날아가는 거야.

헬륨 풍선은 같은 부피의 공기보다 가벼워서 잘 날아가니까 꽉 잡아.

입으로 내쉬는 숨에는 산소도 있지만 이산화탄소가 꽤 많아. 우리 몸은 산소를 받아들여서 이산화탄소로 만들어 버리기 때문이지. 입으로 풍선을 불면 풍선 안에는 질소, 산소, 이산화탄소가 들어 있겠지? 풍선 안과 밖의 질소의 비율은 같은데, 산소가 줄어들고 이산화탄소가 더 늘어난 셈이야. 산소보다 이산화탄소가 더 무거워서 풍선 안은 같은 부피의 주변 공기보다 무거워졌어.

날숨에는 물 분자도 있어. 풍선을 입으로 불면 풍선 안에 물방울이 맺히는 것이 보일 거야. 이 물방울이 차지하는 부피는 아주 작지만 무거워.

이렇게 주변 공기보다 더 무거운 이산화탄소에, 무거운 물방울까지 더해져서 풍선 안의 공기는 주변의 공기보다 더 무거워졌어. 고무로 된 풍선 자체의 무게도 있으니까 입으로 분 풍선은 금방 땅으로 떨어지지.

입으로 분 풍선은 하늘로 날아가지 않아서 심통이 난다고? 덕분에 풍선으로 배구도 할 수 있잖아. 풍선으로 배구 한 게임 어때?

한 줄 정리

기체 분자마다 질량이 다르다.

과학 문해력

- **질량**(質 바탕 질, 量 헤아릴 량): 물체마다 가지고 있는 고유의 양.
- **무게**: 물건의 무거운 정도. 지구가 물체를 끌어당기는 힘의 크기. (※무게는 장소에 따라 달라지지만 질량은 달라지지 않는다.)

탐구왕 과학퀴즈

입으로 분 풍선 안에는 □□, □□, □□□□□ 등의 기체가 있다.

18 추운 겨울에는 왜 공이 잘 튀지 않을까?

키워드 기체의 운동과 압력

오랜만에 탁구를 치러 갔는데 탁구공이 잘 튀지 않아 속상했다고? 탁구장이 추웠나 보네. 탁구장이 따뜻했으면 공이 잘 튀었을 거냐고? 응, 맞아. 온도가 높으면 탁구공은 더 잘 튀어.

탁구공 속에는 기체 분자들이 들어 있어. 기체 분자들이 탁구공 안을 날아다니면서 벽에 쾅쾅 부딪혀. 기체 분자들은 날이 따뜻할수록 더 빠르게 날고, 추우면 "춥다, 추워!" 하면서 느리게 날아. 날씨가 추울 때 우리가 몸을 움츠리고 아무것도 하기 싫은 것처럼 말이야. 기체 분자들이 탁구공 안을 빠르게 날아다니다 벽을 쾅쾅 치면 탁구공 껍질이 바깥쪽으로 많이 밀려 나오니까 공이 팽팽하게 부풀어. 춥다고 천천히 날면서 약하게 부딪

기온에 따라 공이 튀는 정도가 달라지는 이유

히면 그렇지 못하고.

 탁구채로 탁구공을 탁! 하고 치면 탁구채에 맞은 부분이 옆으로 찌그러져. 야구공도 마찬가지로 야구 배트에 맞는 순간 공이 찌그러져. 공이 팽팽하게 부풀어 있을 때는 원래의 동그란 모습으로 돌아가려는 성질이 커서 잘 튀고, 공이 쭈글쭈글할 때는 잘 튀지 않아.

 기체 분자가 공의 안쪽 벽을 세게 밀고 있을 때와 약하게 밀 때를 비교해 볼까? 공의 벽의 넓이는 똑같지만 안에서 미는 힘이 다르지? 온도가 높을 때는 공 안의 기체 분자들이 벽을 세게 미니까 압력이 높아지고, 온도가 낮을 때는 공 안의 기체 분자들이 벽을 약하게 밀어서 압력이 낮아져.

바람이 빠진 자전거 타이어에 펌프질해서 공기를 넣으면 팽팽해지지? 같은 크기의 공간이라도 기체 분자가 많으면 압력이 높아지고 적으면 압력이 낮아지지. 공이나 타이어 안에 기체 분자가 많을수록, 또는 온도가 높을수록 압력이 높아진다. OK?

같은 크기의 공간에서 기체 분자가 더 많아지거나 온도가 올라가면 압력이 높아진다.

- 기체(氣공기 기, 體몸 체): 일정한 모양과 부피가 없고 담기는 그릇을 항상 가득 채우려는 성질이 있는 물질의 상태.

탐구왕 과학퀴즈

공 안의 기체는 날씨가 (① 추울 때, ② 더울 때) 더 열심히 날아다니고, 기체가 열심히 날아다니면 압력은 (③ 올라간다, ④ 내려간다).

19. 바람의 방향은 무엇이 정해주나?

키워드 기체의 압력과 이동

커다란 판을 가운데 두고 둘이서 서로 미는 모습을 상상해 봐. 힘이 더 센 사람이 미는 방향으로 판이 움직일 거야. 판의 넓이는 똑같으니 힘이 센 사람 쪽의 압력이 더 높고 힘이 약한 사람 쪽의 압력이 더 낮아. 판은 압력이 높은 쪽에서 작은 쪽으로 움직이게 돼.

바람을 잔뜩 불어넣은 풍선을 묶지 않고 손으로 입구를 막았다가 놓으면 바람이 빠져나오면서 풍선은 이리저리 날아다녀. 왜 그럴까? 풍선이 부푼다는 것은 풍선 안에서 공기가 풍선 내부의 벽을 미는 힘이 풍선 바깥의 공기가 풍선 외부의 벽을 미는 힘보다 더 커서 그래. 풍선 안의 압력이 풍선 바깥의 압력보다 크다는 이야기야. 풍선을 불면 풍선 안으로 밀려 들어간 기체 분자들이 "날 여기에서 좀 꺼내 줘!" 그러면서 벽을 마구 쳐 대기 때문에 풍선이 부풀었지.

기체 분자들을 뜨겁게 만들면 더 빨리 날아.

"아! 정말 화가 난다. 왜 이리 뜨거운 거야?"

만약 풍선을 아주 따뜻한 방으로 옮기면 어떻게 될까?

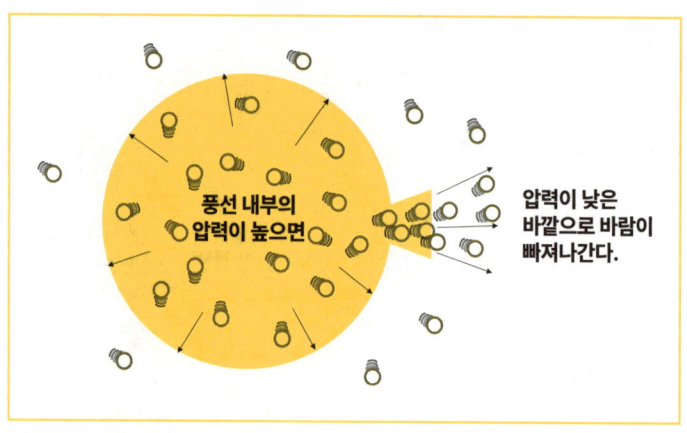

풍선의 바람이 빠지는 원리

"날 여기서 당장 꺼내!"

풍선 안에 갇힌 기체 분자들이 더 세게 벽에 부딪히면서 꽥꽥 소리를 지르겠지? 그럼 풍선은 더 크게 부풀어. 풍선 안의 압력이 더 커져서 풍선 벽을 안에서 밖으로 밀어내서 그런 거야. 풍선 안과 밖의 압력이 같아질 때까지 풍선은 부풀어 올라.

가방 안에 짐을 꽉꽉 꾸겨 넣어서 간신히 지퍼를 잠가 놓은 것과 같아. 지퍼를 열면 짐들이 쏟아져 나오듯이 풍선의 입구를 손에서 놓으면 기체 분자들이 좀 더 자유롭게 날아다닐 수 있는 바깥으로 빠져나와. 기체들은 높은 압력에서 낮은 압력 쪽으로 움직이는 거지. 이것이 바로 바람이야. 다시 말하면, 바람은 높은 압력 쪽에서 낮은 압력 쪽으로 불어.

밖에서 놀 때 바람이 불어오면 바람이 불어오는 쪽을 가리키며 이렇게 말할 수 있어.

"저쪽의 압력이 내가 서 있는 쪽보다 더 높네."

진공청소기가 먼지를 빨아들이는 것을 보면서도 말할 수 있어.

"바깥의 공기 압력이 청소기 내부의 압력보다 훨씬 더 높네."

한 줄 정리

기체는 압력이 높은 쪽에서 낮은 쪽으로 이동하면서 바람을 만들어 낸다.

과학 문해력

- 바람: 공기의 압력이 높은 쪽에서 낮은 쪽으로 이동하는 공기의 흐름.

탐구왕 과학퀴즈

다음의 보기를 아래 문장의 빈칸에 알맞게 넣으세요.
(보기: 낮은, 높은)
기체는 압력이 □□ 쪽에서 □□ 쪽으로 움직인다.

20 뜨거운 음식을 밀폐 용기에 담고 냉장고에 넣으면?

키워드 기체의 운동과 온도

간혹 갓 지어 뜨거운 밥을 밀폐 용기에 담아 냉장고에 보관하면 나중에 용기의 뚜껑이 열리지 않을 때가 있어. 왜 이런 일이 생길까?

뜨거운 음식을 용기에 담으면 용기 안의 온도도 높아지겠지? 음식에 있는 물 분자들도 "아유, 좀 덥네" 하면서 기체로 바뀌어 날아올라. 둠칫 둠칫 춤을 추며 신나게 날아다닐 준비가 되었어.

이걸 밀폐용기에 담고 냉장고에 넣어

버리면 어떻게 돼? 덥다고 아우성치며 기체가 된 물 분자들이 "아니, 이게 무슨 일이야? 왜 날씨가 갑자기 추워져?" 그러면서 서로서로 꽁꽁 뭉쳐 물방울로 변해. 용기 안에 있는 기체 분자의 수가 확 줄어들어. 남은 기체 분자도 추워서 제대로 날아다닐 수 없어. 용기의 안쪽 벽을 두드리는 기체 수도 적고, 이 기체들마저 힘없이 날아다니고 있으니 용기 안의 압력이 바깥의 공기 압력보다 낮아진 거야.

용기 밖의 압력이 훨씬 높으니, 용기 뚜껑을 열지 못하게 누군가가 꾹 누르고 있는 셈이야. 뚜껑을 열려면 아주 큰 힘을 주어야 하지. 힘이 약해서 뚜껑을 못 열면 어떻게 해야 할까? 냉장고에서 꺼낸 밀폐 용기를 따뜻한 곳에 두고 조금 기다리면 돼. 그러면 용기 안의 온도도 좀 올라가고 용기 안과 용기 바깥의 압력 차이가 작아져서 뚜껑을 좀 더 쉽게 열 수 있게 되지.

그래도 잘 안 열린다면? 어슬렁거리며 호시탐탐 냉장고에 있는 먹을 것을 노리는 우리집 수사자에게 부탁하면 되지. 뭘 자꾸 부숴 버리는 것이 문제기는 하지만 아빠가 힘은 장사잖아. 아빠를 '어슬렁거리는 수사자'라고 한 건 우리끼리의 비밀이다. 오케이?

한 줄 정리

기체는 온도가 올라갈수록 활발하게 운동하고, 온도가 내려갈수록 움직임이 느려진다.

과학 문해력

- 온도(溫따뜻할 온, 度정도 도): 차갑고 따뜻한 정도를 숫자로 표시한 것.

탐구왕 과학퀴즈

기체는 온도가 (① 낮을 때, ② 높을 때) 더 활발하게 움직인다.

21 공기의 압력을 이용한 무기와 기술

키워드 기체의 압력

  얼굴에 붉은 칠을 한 원주민 아저씨가 독침을 넣은 대나무 대롱을 나무 위로 겨냥하더니 입으로 훅 불어. 독침은 대롱을 떠나 나무 위에 앉아 있던 원숭이 엉덩이를 맞추었어. 아저씨는 아주 기쁜 표정을 지으면서 땅에 떨어져 축 늘어진 원숭이를 집어 들고 가벼운 발걸음으로 집으로 향하지. 집에서 기다리고 있을 배고픈 아이들 생각에 걸음이 점점 빨라져.

  밀렵꾼이 긴 총을 어디론가 겨누고 있어. 아, 숲속에 커다란 사슴이 있네. 탕! 소리와 함께 총알은 총의 입구를 떠나 사슴을 맞췄어. 긴 뿔을 가진 사슴의 머리를 자기의 집에 장식해 놓을 생각에 밀렵꾼의 입이 찢어지고 있어. 이 사람은 먹지도 않을 사슴을 죽였네. 순전히 자기의 즐거움을 위해서 그랬다니 정말 잔인해.

독침이 날아간 이유도, 총알이 날아간 이유도 다 똑같아. 무기의 안과 밖의 공기 압력이 달라서야. 원주민 아저씨의 입에 들어 있던 공기가 빠르게 대롱으로 들어가면서 독침의 꽁무니에는 바깥공기보다 훨씬 더 큰 압력이 생겼어. 큰 압력 쪽에서 작은 압력 쪽으로 독침이 밀려 나간 거지.

총알은 탄피 안에 들어 있는데 탄피 속에는 폭약이 들어 있어. 총의 방아쇠를 당기면 이 폭약이 갑자기 펑 하고 터져. 이때 폭약 화합물은 수많은 기체 분자로 변해. 갑자기 수많은 기체 분자가 생기니까 탄피 속, 총알 뒤 좁은 공간에는 아주 큰 압력이 생기는 거야. 이 공기의 압력이 총알을 빠르게 앞으로 밀어 내는 거지.

독침은 기껏해야 수십 미터를 날아가는데, 총알은 수 킬로미터까지 날아갈 수 있어. 인간은 과학을 이용해 무서운 무기를 만들었고, 지구를 정복했어. 과학 덕분에 인간이 무서운 맹수를 이길 수 있었지.

공기의 압력을 이용해서 우리는 달로 우주선을 보낼 수 있어.

자동차 엔진 속 실린더 내부의 공기가 수축과 팽창을 반복하면서 자동차 바퀴가 돌아가. 비행기 날개 밑의 압력이 날개 위의 압력보다 크기 때문에 비행기가 뜰 수 있고.

어때? 같은 원리를 이용하여 사람끼리 서로 죽이는 무기를 만들기도 하고, 편리하게 살아가는 데 필요한 기술을 개발하기도 하지? 과학의 원리와 기술은 아무 생각이 없어. 그 기술을 쓰는 사람의 마음이 선하면 선한 기술이 되는 것이고 악하면 악한 기술이 되는 거야.

오늘은 어떻게 하면 모두 평화롭고 안전하게 살아갈 수 있을지 한번 생각해 보자.

한 줄 정리

기압이 높은 곳에서 낮은 곳으로 공기가 이동하는 원리를 이용하여 무기부터 이동수단까지 다양한 기술이 개발되었다.

과학 문해력

- **수축**(收모을 수, 縮줄일 축): 모아서 줄이는 것, 즉 물체의 부피가 줄어드는 현상.
- **팽창**(膨부풀 팽, 脹부풀 창): 부풀어 오름, 즉 물체의 부피가 커지는 현상.

탐구왕 과학퀴즈

대나무 관으로 사냥하거나 총을 쏘는 것, 자동차 바퀴를 움직이는 것은 모두 공기의 (① 압력, ② 부력)을 이용한 기술이다.

22. 깊은 바닷속에 풍선을 가져가면 어떻게 될까?

키워드 위치와 기압 변화

 높은 곳에 있을 때보다 낮은 곳으로 갈수록 기압이 올라간다고 했잖아? 그러면 바다에서 수영할 때는 어떨까?

 바다 표면에서 수영한다면 공기 기둥의 압력만 있을 거야. 바닷속 깊이 들어가서 잠수한다면? 공기의 기둥에 더해서 물의 기둥도 우리 몸을 누르겠지. 같은 부피라면 공기보다 물이 훨씬 무겁잖아. 그러니까 깊은 물 속으로 잠수하면 할수록 물이 누르는 압력도 더 높아지겠지?

 바다 표면에서 압력을 재보면 1기압이야. 그런데 물속으로 10미터를 들어갈 때마다 1기압씩 늘어나게 돼. 그러니 바닷속

90미터까지 잠수하면 공기 1기압 더하기 물 9기압 해서 무려 10기압이나 되는 거야.

풍선의 크기는 풍선 바깥의 공기 압력에 따라 결정돼. 풍선 안과 밖의 압력이 같아질 때까지 풍선은 부풀거나 줄어들어. 바깥의 압력이 더 높다는 것은 바깥에서 안쪽으로 미는 힘이 더 크다는 이야기야. 그러니 바깥의 압력이 높으면 풍선의 부피는 줄어들겠지?

바닷속 90미터 깊이에서 10기압이잖아? 물 밖에서는 겨우 1기압이었는데 말이야. 10배의 압력에서 기체의 부피는 10배 줄어들고 말아. 그러니 1L짜리 부피의 풍선이 겨우 0.1L

기압의 변화에 따른 풍선의 크기 변화

(또는 100ml)가 되어 버리는 거지. 1L 풍선이 귤 크기로 변해.

친구에게 퀴즈를 한번 내봐.

"풍선의 공기를 빼내지 않고, 온도도 변하게 하지 않고 풍선의 크기를 줄이는 방법은 무엇일까?"

정답은? "깊은 바닷속으로 풍선을 가져간다."

한 줄 정리

물속으로 내려갈수록 공기의 압력과 물의 압력이 더해져서 압력은 더 커진다.

과학 문해력

- **기압**(氣공기 기, 壓누를 압): 공기가 누르는 힘. 공기의 무게에 의해 생기는 압력. 주위보다 기압이 높은 곳을 '고기압', 주위보다 기압이 낮은 곳을 '저기압'이라고 한다.

탐구왕 과학퀴즈

다음 중 기압이 가장 높은 곳은?
① 해변가 ② 한라산 꼭대기 ③ 바닷속

23 열기구가 하늘을 날 수 있는 이유는?

키워드 기체의 이동과 부력

거대한 열기구가 사람들을 태우고 하늘을 날고 있어. 열기구에서 뜨거운 불꽃이 풍선 아래를 데울 때마다 열기구는 더 높은 곳으로 올라가. 어떻게 저 커다란 열기구가 사람들을 태우고 하늘로 날 수 있을까?

열기구 풍선 밑은 꽁꽁 묶이지 않고 뻥 뚫려 있어. 기체 분자들이 얼마든지 열기구 아래로 들어가거나 바깥으로 나올 수 있어서 열기구의 안쪽이나 바깥쪽의 압력은 같아. 그러니까 풍선 안과 바깥의 압력 차이로 아래에서 위로 바람이 불어서 열기구가 올라가는 것도 아니란 말이지. 그럼 대체 열기구는 어떻게 하늘로 떠오를까?

열기구 안쪽과 바깥쪽에는 큰 차이가 하나 있는데, 열기구 풍선 바로 아래에 불을 피워서 풍선 안쪽에 있는 공기를 뜨겁게 데우고 있다는 거야.

기체 분자는 온도가 높으면 높을수록 더 빨리 움직여. 뜨겁게 데워진 열기구 안의 기체 분자들은 열기구 밖으로 빨리 빠져나갈 수 있겠지? 열기구 안의 기체가 빠져나가면 바깥에 있던 기체가 쏙 들어와야 하지만, 바깥에 있는 기체 분자들은 추우니까 빨리 못 움직여. 열기구 안으로 들어오는 속도가 느리지. 그러면 어떻게 될까? 열기구 안에 있는 기체 분자의 수가 불을 피우기 전보다 줄어들어. 풍선의 무게가 더 가벼워진 셈이야.

지구는 무거운 애들을 좋아해서 더 당기고 가벼운 애들은 덜 좋아해. 불을 피우면서 풍선 안에 있는 공기가 바깥쪽의 같은 부피의 공기보다 가벼워졌어. 그래서 풍선이 하늘로 솟구치는 거야. 이렇게 물체가 중력을 거스르고 올라가는 힘을 '부력'이라고 해.

나중에 날씨 좋은 날에 열기구를 타게 된다면, 오늘의 과학 원리를 꼭 떠올려 보자!

한 줄 정리

열기구는 풍선 안의 기체를 내보내 풍선을 가볍게 만들어서 하늘로 띄운다.

과학 문해력

- 부력(浮 뜰 부, 力 힘 력): 물체가 물이나 공기 중에서 뜰 수 있게 하는 힘.

탐구왕 과학퀴즈

하늘에 떠 있는 열기구를 땅으로 내리고 싶다면, 열기구 아래에서 피우는 불의 세기를 (① 키운다, ② 낮춘다).

24 오리털 파카가 따뜻한 이유

키워드 기체의 운동과 특성

오리털 파카를 뜯어보면 나풀거리는 오리 솜털이 나와. 이걸 한 움큼 쥐고 꾹 누르면 실제 부피는 아주 작다는 것을 알 수 있어. 오리털 자체의 부피는 별로 크지 않지만 공기를 머금으면서 크게 부풀어. 오리털 파카는 공기 파카라고 생각하면 돼.

공기 파카는 왜 보온이 잘 될까? 공기 중의 기체 분자들 사이에는 거리가 좀 있어. 액체나 고체 상태의 분자들 사이의 거리는 짧지만, 기체 분자들은 서로 뚝뚝 떨어져 있어. 공기 파카를 입으면 밖의 찬 공기와 우리 몸 사이에 공기층을 두는 셈이야.

우리 몸의 열이 바깥의 찬 공기로 전달되려면 공기 파카 속에 있는 기체 분자들이 우리의 몸과 바깥 공기 사이를 부지런히 왔다 갔다 해야 하지. 그런데 기체 분자들 사이에는 거리가 있으니까, 부딪쳐서 열을 전달해 주기가 아무래도 쉽지 않아. 그래서 우리 몸의 온기가 공기 파카 때문에 바깥으로 잘 전달되지 않아서 오랫동안 체온을 유지할 수 있어.

오리는 우리처럼 옷을 입지 않아. 그런데도 한겨울에 잘 지내. 한껏 부풀린 오리털 속에 공기를 머금고 있어서 가능한 거야.

기체 분자는 액체나 고체의 분자들보다 서로 멀리 떨어져 있다.

- 체온(體몸 체, 溫온도 온): 몸의 온도.

오리털로 채운 점퍼가 따뜻한 이유는 오리털이 (① 수분 ② 기름 ③ 공기)을(를) 품고 있기 때문이다.

25 보온병의 뜨거운 물은 왜 잘 식지 않을까?

키워드 기체의 운동과 특성

   온도가 변하지 않도록 보존하는 것을 '보온'이라고 해. 한겨울에도 어디서나 따뜻한 음료를 마시려면 보온병을 쓰지. 엄마가 보온병을 떨어뜨리면 안 된다고 말씀하지 않으셔? 다 이유가 있어. 보온병 속에는 유리병이 하나 숨어 있어서 보온병을 떨어뜨리면 유리병이 깨지고 보온이 더는 안 될 수 있어.

   이 유리병은 특수한 유리병이야. 이중벽으로 되어 있고, 벽과 벽 사이는 아무런 기체 분자도 없는 진공 상태로 되어 있어. 그리고 유리병과 보온병의 바깥벽 사이에는 공기층이 숨어 있어.

   오리털 파카가 깃털 사이의 공기층 때문에 따뜻하다고 했지?

공기는 열을 잘 전달하지 않거든. 유리병과 보온병 바깥벽 사이에도 공기층이 있으니 열이 잘 전달되지 않아서 보온이 돼.

유리병의 안쪽 벽과 바깥벽 사이는 진공이라고 했지? 진공은 진짜 비어 있다는 뜻이야. 눈에 보이지 않는 공기조차 없어. 기체 분자가 이쪽 벽, 저쪽 벽 사이를 왔다 갔다 해야 열이 조금이나마 전달될 수 있거든? 그런데 벽과 벽 사이가 진공 상태여서 기체 분자가 아예 없으니까 열이 전달되지 못해.

이렇게 보온병은 온도를 이중으로 유지해. 진공인 공간을 두어서 열의 이동을 막고, 공기층을 두어서 열 전달을 한 번 더 막지. 보온병에 넣어둔 차가운 음료나 뜨거운 음료는 외부와 열 전달이 전혀 되지 않아서 뚜껑을 자주 여닫지 않는다면 오래도록 원래 온도 그대로 보관할 수 있어.

보온병을 함부로 던지면 안 되는 이유를 이제 알았지? 유리병 사이의 진공을 잘 유지해 주어야 온도도 잘 유지할 수 있어.

보온병은 바깥의 온도를 두 가지 방법으로 차단해.

한 줄 정리

보온병은 진공과 공기층에서 열이 잘 전달되지 않는 것을 이용하여 만들었다.

과학 문해력

- 보온(保지킬 보, 溫온도 온): 일정한 온도로 보존 유지함.
- 진공(眞참 진, 空빌 공): 물질이 진짜(전혀) 존재하지 않는 공간.

탐구왕 과학퀴즈

기체는 고체나 액체보다 열 전달을 (① 잘한다, ② 못한다).

26

김빠진 콜라가 싫으면 차갑게 두자!

키워드 기체의 성질과 온도

　탄산음료에는 이산화탄소가 있어서 톡 쏘는 맛을 즐길 수 있어. 차가운 콜라를 컵에 따라 두면 시간이 지날수록 공기 방울이 커지면서 이산화탄소가 빠져나가. 콜라를 따뜻한 실내에 오래 두면 김이 다 빠지지.

　이상하지 않아? 설탕은 차가운 물보다 따뜻한 물에 더 잘 녹는데, 음료에 녹아 있던 이산화탄소는 온도가 올라갈수록 빠져나가네. 왜 그럴까?

　가장 큰 차이는 바로 이거야. 설탕은 물에 녹기 전에 고체였는데 이산화탄소는 물에 녹기 전에 기체였어. 기체의 가장 중요한 특징은 무엇일까? 그렇지. 자유로운 영혼. 그게 기체야. 에너지를 조금만 받아도 신나게 허공을 날아다녀.

 이산화탄소와 물은 서로 아주 다르게 생겼기 때문에 애당초 별로 좋아하지 않았어. 그저 추웠으니까 같이 좀 모여 있었을 뿐이야. 물의 온도가 높아지면 이산화탄소 분자는 냉정하게 행동해. 온도가 조금 올라가면 에너지가 생겨. 날아갈 에너지가 생기니 미련 없이 물하고 헤어지는 거지.

 온도가 올라갈수록 이산화탄소는 더 활동적으로 변해. 콜라를 따뜻하게 둘수록 그 속에 녹아 있던 이산화탄소 분자들은 기체가 되어 나와. 뒤도 돌아보지 않고 날아가.

 "지금까지 같이 있어서 좋았는데, 이제 헤어져야겠어."

 기체는 온도가 오를수록 액체에 잘 녹아 있지 못해. 기체가 녹아 있는 액체의 온도가 올라갈수록 기체는 액체에서 빠져나와. 지구가 더워지면 더워질수록 바다에 녹아 있던 기체들이 빠져나올 거야. 바닷물 속에 녹아 있던 산소도 마찬가지로 높은

> 탄산음료는 미지근해지면 탄산 없는 음료가 된다.

온도에서는 빠져나와. 그러면 바닷속에 산소가 부족하게 되어 물고기들이 살기 힘들어져.

바닷속에 있던 이산화탄소가 빠져나오면 공기 중에 이산화탄소는 더 많아져서 지구의 온도가 더 올라가는 악순환이 생길 수 있지. 지구의 온도가 급격하게 올라가지 않게 잘 유지하는 것이 생명이 살아가는 데 참 중요하겠지?

액체에 녹아 있던 기체 분자는 온도가 올라가면 액체에서 빠져나와 날아가 버린다.

차가운 탄산음료에는 □□□□□가 녹아 있어서 톡 쏘는 맛을 낸다.

3단원

물질의 상태, 고체, 액체, 기체

• • •

과학 교과 연계
초 3-2, 4-2, 5-1, 6-1
중 1

27 물 분자는 춤을 춰! 둠칫 둠칫 둠칫

키워드 물질의 상태와 분자 운동

물 분자가 춤추는 모습을 한번 상상해 봐. 산소에 붙은 2개의 수소 팔 또는 다리를 흔들면서 리듬을 타는 거지. 둠칫 둠칫 둠칫~ 기분이 좋으면 그 자리에서 빙글빙글 돌기도 하고 빠르게 다른 분자들 사이를 빠져나가면서 춤추기도 하겠지.

뜨거운 물 속에 있는 물 분자는 빠르게 돌고 부르르 몸을 털면서 춤추고, 차가운 물 속에 있는 물 분자는 느리게 움직이며 춤을 춰. 뜨거운 물과 차가운 물이 만나면 미지근해지지.

미지근한 온도에서 물 분자들은 빠르지도, 느리지도 않게 춤을 춰. 빠르게 춤추는 물 분자와 느리게 춤을 추는 물 분자가 서로 손을 잡고 춤을 춘다고 상상해 봐. 빠른 애는 원래보다는 느

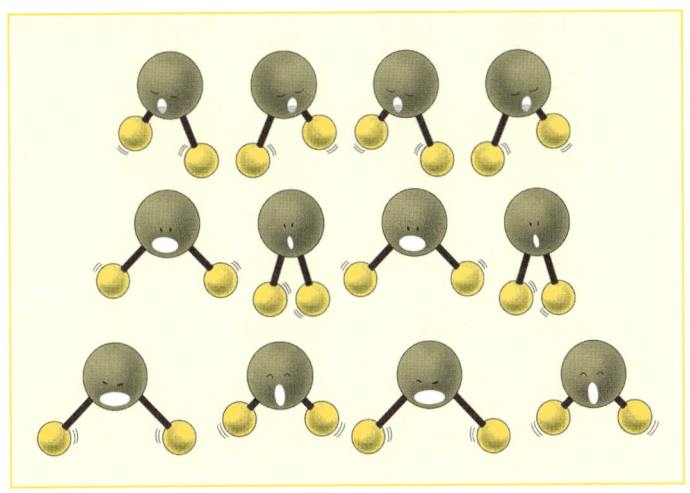

물 분자가 춤을 춘다면, 수소 팔을 흔들며 리듬을 타겠지?

려지고 느린 애는 원래보다 빨라져서 어중간한 중간 속도가 되는 거야.

고체인 쇠막대 속에서 철 원자는 어떨까? 철 원자들은 자기 자리에 고정된 상태로 막 몸을 떨어. 사람이 미어터지는 콘서트장에서 음악에 맞춰 몸을 흔든다고 상상해 봐. 다른 자리로 이동하지는 못하지만 몸을 마구 흔들어 댈 수는 있겠지? 뜨거운 쇠막대에 있는 원자는 흥이 나서 빠르게 떨고, 차가운 쇠막대에 있는 원자는 느리게 떨어. 뜨거운 쇠막대와 차가운 쇠막대가 만나면 어떻게 될까? 시간이 지나면 모든 철 원자들이 중간 속도로 벌벌 떨게 돼.

　기체 분자들은 어떨까? 얘네들은 빙글빙글 돌면서 신나게 날아다녀. 뜨거운 공기 속에서는 아주 빠르게 날아다니고 차가운 공기 속에서는 느리게 날아다녀.

　이제 알겠지? 고체, 액체, 기체 그 어떤 상태에 있더라도 원자나 분자들은 둠칫 둠칫 춤을 춰. 온도가 높으면 빠르게 춤추고 온도가 낮으면 느리게 춤춰. 고체 상태의 원자나 분자는 자기 자리에서 움직이지 못하지만 마구 몸을 떨어대고, 액체 상태에서의 원자나 분자는 돌고 움직이면서 팔을 흔들어대고, 기체 상태의 원자나 분자는 빙글빙글 돌면서 빠르게 날아다녀.

　우리도 물 분자처럼 춤을 춰 볼까? 둠칫 둠칫 둠칫!

한 줄 정리

물질을 이루는 원자나 분자들은 끊임없이 스스로 움직인다.

과학 문해력

- 고체(固굳을 고, 體몸 체): 굳어 있는 물질, 즉 일정한 크기(부피)와 모양을 가지는 물질의 상태.
- 액체(液진 액, 體몸 체): 흐르는 물질, 즉 일정한 크기를 가지지만 모양은 바뀌는 물질의 상태.
- 기체(氣공기 기, 體몸 체): 공기 같은 물질, 즉 크기나 모양이 정해져 있지 않은 물질의 상태.

분자가 고체, 액체, 기체 중 어떤 상태일 때 가장 빨리 이동할 수 있을까요? ☐☐

28 작은 물방울끼리 만나면 왜 하나로 뭉칠까?

키워드 물 분자의 성질, 인력

물 분자들이 모여서 물방울이 된다는 것, 잘 알지? 물 분자들은 사이가 무척 좋아서 늘 뭉쳐 다녀. 물 분자에게는 이상한 버릇이 있어. 물 분자는 다른 물 분자의 머리를 만지고 싶어 해. 다른 아이가 자기 머리를 만지는 것도 좋아하고. 한번 생각해 봐. 서로 다른 아이의 머리를 만지려고 하고 자기 머리는 다른 아이에게 만지라고 가까이 가는 것을. 웃기지?

우리는 앞에서(4장) 전자 욕심이 많은 산소 원자 1개와 전자 욕심이 없는 수소 원자 2개가 만나 물 분자 하나를 만든다고 배웠어. 물 분자 속에서 전자 욕심이 많은 산소는 음전하, 전자가 멀어진 수소는 양전하를 띠는 것 기억하지?

물 분자의 산소는 다른 물 분자에 있는 수소가 자기 머리를 쓰다듬는 것을 좋아해. 자기는 음전하를 띠는데 옆에 있는 물 분자의 수소는 양전하를 띠니까 가까이 가서 이러는 거야.

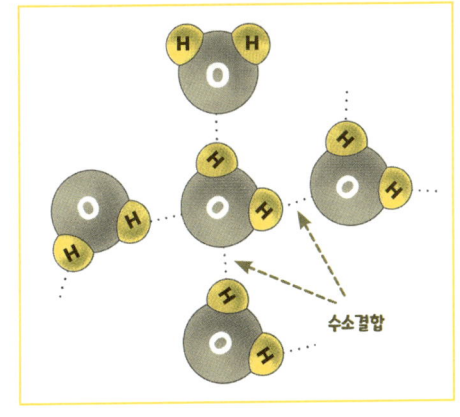

물 분자의 수소결합

"내 머리를 만져 줘!"

이것을 '수소 결합'이라고 하지.

이런 아이들이 아주 많이 있으면 어떨까? 친구들 한가운데 있는 아이는 아주 기쁠 거야. 자기 손은 다른 아이 머리를 만지고 있고, 자기 머리는 다른 아이가 만지고 있으니 말이야. 그런데 맨 바깥에 있는 아이들은 어떨까? 어떤 아이는 다른 아이의 머리를 못 만지고 있고, 어떤 아이는 자기 머리를 아무도 만져 주지 않아서 기분이 별로 안 좋아. 그래서 물 분자들은 자꾸 안으로 들어가려고 해. 바깥에 있는 것을 싫어하는 거지.

만약 물방울 2개가 만나면 어떨까? 물방울의 바깥에 있던 물 분자 아이들이 환호성을 지르겠지?

"이야! 나도 이제 외롭지 않을 수 있어!"

그러면서 표면에 있는 물 분자들이 서로 손을 뻗어서 끌어당겨. 서로 다른 물방울이 합쳐져서 큰 물방울이 되었네. 큰 물방울이 되면 작은 물방울 2개보다 표면에 있는 물 분자들의 수도 줄어들어. 행복한 아이들의 수는 늘고 불행한 아이들의 수가 줄어드는 거지.

물 분자는 외로움을 많이 타는 것 같지? 물 분자들은 친구 사귀는 것을 참 좋아해. 혼자 있는 게 무척 싫은가 봐. 사람들처럼 말이야. 응? 아무도 외로운 친구가 없도록 너도 여러 친구와 친하게 지내겠다고? 멋진 생각이네!

물 분자들 사이에는 수소 결합이라는 서로를 끌어당기는 인력이 존재한다.

● 인력(引끌 인, 力힘 력): 서로 끌어당기는 힘.

물 분자들이 만나면 각각의 산소와 수소가 서로 잡아당기는데, 이렇게 물 분자들이 서로 잡아당기는 힘을 □□결합이라고 한다.

29 얼음은 왜 물 위에 떠 있을까?

키워드 물질의 상태와 밀도

멍멍이 똥꼬 이야기 들어 본 적이 있어? 《내 똥꼬 어디 있어?》(피터 벤틀리 지음, 한국차일드아카데미)라는 동화책에 나오는 이야기야. 아주 옛날에 멍멍이들이 모여서 춤을 췄어. 그곳의 에티켓은 자기의 냄새 나는 똥꼬를 빼서 똥꼬걸이에 거는 것이었지. 그런데 갑자기 무도회장에 불이 나서 모두 도망가는 상황이 벌어져. 똥꼬가 있어야 응가를 할 테니 똥꼬를 잃어버리면 안 되잖아? 하지만 너무 급한 나머지 멍멍이들은 아무 똥꼬나 집어 들

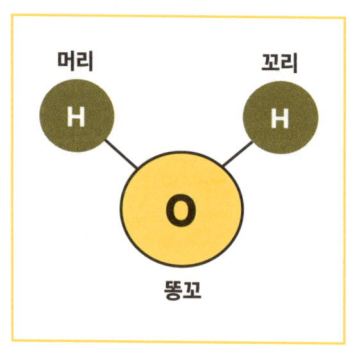

물 분자 구조를 강아지로 본다면?

고 도망을 쳤단다. 그 이후로 어떻게 되었을까?

공원에 개들이 모여서 인사하는 것을 본 적이 있어? 멍멍이들은 다른 멍멍이의 똥꼬 냄새를 맡아. '이건 내 똥꼬인가 아닌가?' 하면서 말이야. 물 분자도 비슷해. 물 분자는 다른 물 분자를 만나면 똥꼬 냄새를 맡기 바쁘지. 그런데 얼음 속에 있는 물 분자들은 질서 있게 줄을 지어서 서로의 똥꼬 냄새를 맡아.

아래의 그림을 자세히 보면 고체 상태인 얼음 속 물 분자들은 육각형을 이루는데 육각형 가운데 자리가 많이 비지 않아? 반면 액체일 때의 물 분자는 질서는 없지만 틈새가 좀 더 줄었지? 그래서 같은 부피라면 액체인 물에 들어 있는 물 분자의 수가 얼음 속의 물 분자 수보다 많아.

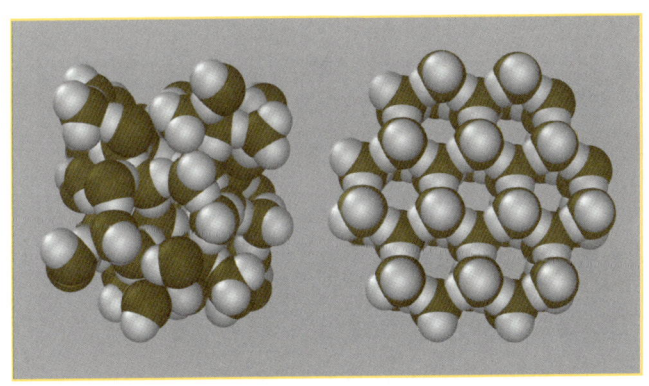

물 분자 모형(액체)　　　　물 분자 모형(고체)

같은 부피에서 얼마나 빽빽하게 들어서 있는지의 정도를 '밀도'라고 해. 고체보다 액체일 때 물 분자의 밀도가 더 높지? 그 말은 같은 부피라면 얼음이 물보다 가볍다는 거야. 그래서 얼음은 물 위에 둥둥 떠.

얼음이 물 위에 뜨는 이유는 물 분자 강아지들이 줄을 지어 서로의 똥꼬 냄새를 맡기 때문이라는 것, 이제 알았지?

물 분자는 같은 부피에서 고체보다 액체일 때 밀도가 높다.

과학 문해력

- 밀도(密빽빽할 밀, 度정도 도): 빽빽한 정도. 물질의 질량을 부피로 나눈 값 (밀도 = 질량 ÷ 부피).

얼음이 녹아 물이 되면 부피가 (① 커진다, ② 줄어든다).

30. 물을 끓일 때 보글보글 기포가 올라오는 이유

키워드 물질의 상태와 밀도

물속에 손을 넣고 휘저어 봐. 그리고 허공에 손을 휘저어 봐. 물속에서 손을 휘젓는 것이 훨씬 어렵지. 왜 그럴까?

물속에는 물 분자들이 와글와글 모여 있어. 물속에서 손을 휘저으려면 이 물 분자 아이들을 한 번에 왕창 옆으로 밀쳐 내야 하지. 물 분자 아이들은 서로를 많이 좋아하잖아? 떨어지려 하지 않아. 이렇게 물 분자들이 뭉쳐 있는 상태를 '응집'이라고 해. 물속은 응집된 물 분자들이 잔뜩 있으니, 손을 휘저으려면 물 분자끼리 잡은 손을 떼게 만들어야 해. 그래서 힘이 들어가.

허공에는 기체 분자들이 잔뜩 있어. 하지만 기체 분자들은 서로를 신경 쓰지 않아서 뚝뚝 떨어져서 날아다녀. 날아다니다가 서로 부딪히고 튕겨나지만, 물처럼 서로를 좋아해서 잡아당기고 뭉치지는 않아. 그러니까 허공에서 손을 젓는 것은 그다지 어렵지 않아.

물 한 컵과 기체 한 컵 중 어디에 분자가 더 많을까? 물 한 컵 속에 분자가 훨씬 많아. 물 한 컵과 기체 한 컵 중 어떤 것이 더 무거울까? 당연히 물 한 컵이 더 무겁지.

물을 끓이면 뜨거운 불이 닿은 냄비 바닥에서부터 기포가 보글보글 생겨. 기포 속에는 "앗! 뜨거워!" 하면서 기체가 된 물 분자들이 들어 있어. 같은 부피의 물보다 기포 속에 들어 있는 기체가 된 물 분자 수가 훨씬 적으니까 기포의 밀도는 물보다 훨씬 낮아. 지구는 무거운 것을 더 좋아하잖아? 무거운 물은 잘 잡아당기지만 가벼운 기포는 잘 잡아당기지 않아. 그러니까 기포는 바닥에서 생긴 다음, 물 위로 올라와서 터져 버리는 거야. "힝, 지구는 나를 좋아하지 않나 봐. 멀리 가 버릴 거야!" 하면서 말이야.

지구가 아빠를 많이 좋아하는 것 같다고? 음, 지구가 아빠를 좋아하긴 하는 것 같아. 점점 더 말이야. 아빠가 코끼리만큼 커지지 않도록 함께 운동하러 가자고 해볼까?

한 줄 정리

고체와 액체는 밀도가 높고, 기체는 밀도가 낮다.

과학 문해력

- **중력**(重무거울 중, 力힘 력): 지구와 물체가 서로 당기는 힘.
- **응집**(凝엉길 응, 集모을 집): 엉긴 채 모여 있다는 뜻으로, 좁은 공간에 원자나 분자가 서로 모이는 현상을 말한다. 고체와 액체는 응집 물질이다.

탐구왕 과학퀴즈

같은 부피당 물 분자의 밀도가 높은 순서대로 놓아 보세요.
① 얼음 ② 물 ③ 수증기

31. 물 한 모금에 물 분자는 몇 개? 안전을 위한 지식

키워드 물질의 상태와 밀도

지구는 태양 주위를 1년에 한 바퀴 돌아. 1초에 거의 29.78 킬로미터를 날아가지. 지구가 1년 동안 태양 주위를 돌면서 만드는 동그라미가 얼마나 클지 상상해 봐. 그 거대한 동그라미 안의 면적에 강아지들을 채워 넣어 봐. 정말 어마어마하게 많은 강아지가 있겠지?

이 강아지들의 수가 네가 마시는 한 모금의

태양 주위를 도는 위성

물(18그램 정도)에 들어 있는 물 분자의 수와 비슷해. 물 분자가 정말 많지? 그러면 물 분자들이 얼마나 작은지도 짐작이 가? 너무 작아서 절대 맨눈으로 볼 수 없어.

물을 끓이면 기체가 돼. 18그램의 물은 100도에서 기체가 되면서 무려 30리터나 되는 부피로 커져. 2리터짜리 생수병을 무려 15개나 채울 수 있어. 고체나 액체는 부피를 많이 차지하지 않지만, 기체는 매우 큰 부피를 차지하지.

이렇게 수많은 물 분자가 액체와 기체 사이에서 변환하는 것을 이용하면 매우 유용한 일을 할 수 있어.

이걸 한번 상상해 봐. 커다란 드럼통이 있어. 그리고 이 드럼통을 오로지 물의 뜨거운 증기로만 채우고 뚜껑을 닫는 거야. 그리고 드럼통을 아주 차가운 물에 식혀. 어떻게 될까?

높은 온도에서 기체가 된 증기는 온도가 내려가면서 액체로 변해. 그러면 드럼통 안에 있는 기체의 양이 많이 줄어들겠지? 드럼통 밖의 기체 수는 변함이 없는데 말이야. 드럼통 안의 압력은 작아지고 드럼통 밖의 압력은 그대로니까 드럼통이 확 안쪽으로 찌그러져.

이 찌그러진 드럼통을 손을 대지 않고 다시 펴려면 어떻게 하면 될까? 맞아. 다시 가열하면 돼. 액체인 물이 끓으면서 기체가 되고, 기체가 열심히 날아다니면서 드럼통 안쪽 벽을 바깥쪽으로 밀쳐내면서 통은 원래대로 빵빵해질 거야.

스파게티 소스가 담긴 유리병을 사서 처음 뚜껑을 열면 뻥! 하는 소리가 들리지? 병에 아주 뜨거운 스파게티 소스를 담은 다음에 뚜껑을 닫아서 그런 거야. 스파게티 소스가 식으면 병 안에서는 뜨거운 수증기가 액체로 변해. 그러면 병 속에 기체로 존재하는 물 분자의 개수가 아주 적어서 압력도 낮아져. 병 안의 공기 압력은 낮고 바깥의 압력은 높아서 뚜껑을 열기 힘들지. 뚜껑을 여는 순간 갑자기 공기가 병 안으로 들어가면서 뻥! 하고 소리를 내는 거야. 이 원리를 이용하면 밀폐 포장이 잘못된 불량 제품을 먹는 일은 막을 수 있겠지? 새 소스병을 열었는데 뻥! 소리가 안 나면 절대로 먹지 마.

한편 압력밥솥에서 밥이 지어진 직후에는 압력밥솥 안에 기체 상태인 물 분자가 아주 많아. 당연히 압력이 아주

소스병은 뻥! 소리가 나야 안전!

높아. 이때 압력밥솥을 잘못 열면 밥솥 뚜껑이 폭발하듯 날아갈 수 있어. 뜨거운 증기에 화상을 입을 수도 있지. 그래서 밥을 짓고 나서 압력밥솥의 뚜껑을 열려면 압력밥솥에서 증기가 빠져나오며 만드는 치~ 소리가 나지 않을 때까지 기다려야 해.

이산화탄소를 얼리면 드라이아이스가 돼. 드라이아이스 44그램에는 물 18그램과 같은 수의 이산화탄소가 있어. 만약에 드라이아이스 조각을 장난으로 삼키면 어떤 일이 벌어질까? 고체였던 드라이아이스가 갑자기 기체가 될 거야. 44그램의 드라이아이스라면 사람의 위 속에서 25리터 정도의 기체로 변하게 될 거야. 위에서 갑자기 이렇게 많은 기체가 생기게 되면 어떻게 될까? 끔찍하지. 위 속의 압력이 갑자기 높아지면서 식도가 찢어지고 생명이 위독해질 수 있어.

어떤 용기 안에 갇힌 기체 분자의 수가 많으면 공기의 압력이 높고, 기체 분자의 수가 적으면 공기의 압력이 낮다는 것, 안전 생활에 필수 지식이라는 사실을 이제는 알겠지?

한 줄 정리

뜨거운 음식을 유리병에 담고 뚜껑을 닫아 식히면 기체 상태인 수증기가 액체로 변하면서 병 속의 압력이 병 밖보다 낮아지는데 이것이 밀봉의 원리다.

과학 문해력

- 증기(蒸증발할 증, 氣기체 기): 액체나 고체가 증발하여 생긴 기체.

탐구왕 과학퀴즈

물 분자가 1그램 있을 때 부피가 큰 순서대로 놓아 보세요.
① 얼음 ② 물 ③ 수증기

32 뜨거운 냄비 위의 물방울은 춤춘다?

키워드 물질의 상태 변화

    뜨겁게 달구어진 냄비에 물을 조금만 부으면 물방울이 마구 춤추는 것을 볼 수 있어. 왜 그럴까?

    액체 상태의 물 분자들은 뜨겁게 달궈진 냄비로부터 열을 얻으면 기체 분자가 되어 날아갈 수 있어. 냄비와 맞닿아 있는 물방울 부분은 가장 뜨거우니까 액체 물 분자가 기체 물 분자로 빠르게 변하겠지? 기체 물 분자가 물방울 바로 아래서 갑자기 많이 생기면, 날아가고 싶어서 액체 물 분자를 밀쳐 낼 거야. 기체의 압력이 높아지는 거지.

    혹시 전에 우리가 오락실에서 했던 에어하키 게임 기억나? 하키퍽 아래에서 공기가 올라오니까 퍽이 공중에 뜨면서 바닥과 마찰이 일어나지 않았지?

 물방울에게도 똑같은 일이 벌어져. 물방울 아래에 공기층이 생겨서 물방울이 마찰 없이 공중에 떠서 냄비 표면을 미끄러져 다닐 수 있게 된 거야. 그러니 물방울은 춤을 추게 되지. 공기층은 열을 잘 전달하지 않아서 물방울이 기체로 빨리 변하게 하지도 않아. 그래서 물방울은 냄비 안을 굴러 다닐 수 있어. 이걸 '라이덴프로스트 효과'라고 해.

 기체가 된 물 분자들은 이제 어디로 갈까? 허공을 날아다니면서 산소 분자에도 부딪치고 질소 분자에도 부딪치겠지. 기억나? 물 분자들은 둠칫 둠칫 춤을 추는 것 말이야. 이젠 공중에서 빙글빙글 돌면서 춤을 추며 날아가. 아주 신났어.

 어쩌나? 창문에 부딪힌 물 분자들은 그만 차갑게 식으면서 액

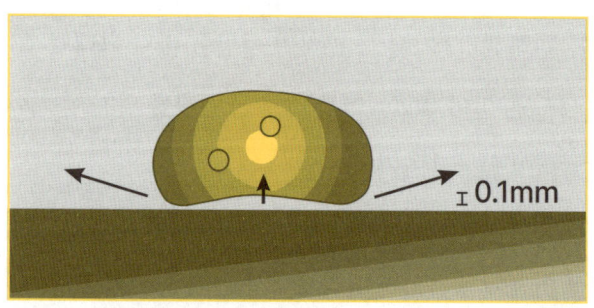

뜨거운 금속 표면 위에서 튀어오르는 물방울

체가 되어 버렸어. 바로 창문에 낀 성에가 된 거지. 이젠 빙글빙글 돌면서 날아다니지는 못해. 하지만 여전히 둠칫 둠칫 춤을 추고 있어. 물 분자는 춤추는 것을 참 좋아해.

뜨거운 냄비 위에 있는 물방울은 기체로 바뀐 물 분자들로 인하여 냄비 표면에서 밀쳐지며 냄비 바닥을 빠르게 굴러다닌다.

- **마찰**(摩문지를 마, 擦문지를 찰): 두 물체가 접촉한 접촉면에서 움직임이 더뎌지는 현상.

두 물체 사이에 공기층이 있으면 열 전달이 더
(① 잘 된다, ② 안 된다).

33. 삼겹살 구울 때 기름이 튀는 이유

키워드 물질의 상태 변화

   지글지글 끓는 기름에 튀김 옷을 입힌 새우를 넣으면 풍덩 가라앉았다가 노릇노릇하게 새우 튀김이 되어 떠오르지. 참 맛있어. 그런데 튀김 요리를 할 때 정말 조심해야 해. 자칫하다가 물방울이 하나만 들어가도 기름이 사방팔방으로 다 튀어 버리니까 말이야.

   생선이나 삼겹살을 구워 먹으면 참 맛있지만 집에서 먹기가 곤란해. 프라이팬에 굽다 보면 기름이 사방팔방 다 튀어서 바닥이 미끌미끌해져. 청소하기도 힘들어.

   기름은 왜 튈까? 한 모금의 물이 수증기로 변하면 무려 30리터가 돼. 30리터가 어느 정도냐 하면 초등학교 2학년 친구들이 보통 30킬로그램이래. 2학년 친구 한 명 정도의 몸 크기로 물방울이 확 커지는 거야. 겨우 한 모금의 물이 그렇게 부피가 늘어나. 액체일 때의 부피보다 약 1,600배 정도로 부피가 커지는 거야. 그것도 아주 순식간에!

수도꼭지에서 떨어지는 물 한 방울(약 0.05밀리리터)이 뜨거운 기름에 떨어지면 순식간에 80밀리리터 정도의 부피를 가진 기체가 돼. 겨우 물 한 방울이 네가 마시는 요구르트병 정도로 커지는 거야.

물방울이 갑자기 기체가 되면서 뜨거운 기름에서 탈출할 때 그 주변에 있던 기름도 같이 날아가. 뜨거운 기름에 떨어진 물이 폭탄이 되는 셈이야. 뜨거운 기름에 물이 닿으면 사방팔방으로 기름이 튀는 이유를 이제 알겠지?

튀김 이야기를 하니까 갑자기 새우튀김이 먹고 싶어졌다고? 이번 주말에는 시장 나들이 갈까? 새우튀김 나들이!

🌸 한 줄 정리

뜨거운 기름에 닿은 물방울은 기체 상태로 바뀌면서 부피가 커지고, 이때 주변의 기름을 사방으로 밀쳐내어 기름이 튀게 만든다.

🌸 과학 문해력

- **부피**: 물체나 물질이 공간에서 차지하는 크기. 보통 부피는 밀리리터(mL), 리터(L), 세제곱센티미터(cm^3), 세제곱미터(m^3) 등의 단위로 나타낸다.

🌸 탐구왕 과학퀴즈

기체는 날씨가 (① 추울 때, ② 더울 때) 더 열심히 날아다니고, 기체가 열심히 날아다니면 압력은 (③ 올라간다, ④ 내려간다).

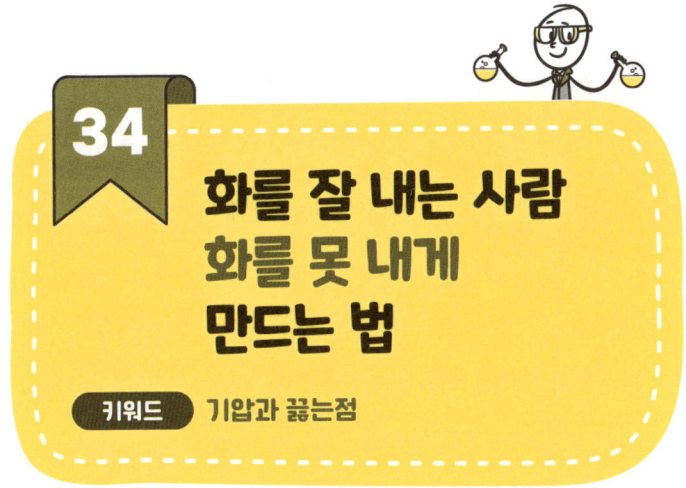

34 화를 잘 내는 사람 화를 못 내게 만드는 법

키워드 기압과 끓는점

 액체 상태로 있는 물 분자들은 서로의 머리에 손을 얹으려고 옹기종기 모여 있다고 했지? 그런데 물이 들어 있는 냄비를 가열하면 물 분자들이 점점 더워질 거야. 이렇게 말하는 애들도 꽤 많아지겠지?

 "어휴, 좀 덥네. 기체가 되어 날아가 볼까?"

 물이 보글보글 끓을 때를 잘 봐. 기포가 생겨서 펑펑 터지고 있을 거야. 이 기포 속에는 기체 분자로 변한 물 분자들이 들어 있어. 물이 끓기 전에는 수증기가 올라오는 것은 보이지만 기포는 보이지 않아. 물이 끓을 때만 기포가 생기는 거야.

기포를 풍선이라고 생각해 봐. 액체인 물로 만들어진 풍선 안에 기체인 물 분자를 넣어 놨어. 풍선 안과 밖의 공기 압력은 같아. 우리가 사는 곳의 기압은 보통 1기압이야. 그러니까 기포 속의 기체 물 분자들도 1기압이야.

이제 냄비를 들고 높은 산으로 가보자. 높은 산에 가면 공기도 희박해지고 머리 위의 공기 기둥도 짧아져서 압력이 낮아지지? 따라서 1기압이 되지 않아. 그러면 높은 산에서 물이 끓을 때 기포 속에서 물 분자들이 영차영차 밀어내는 압력은 1기압보다 낮아도 되지? 액체 상태인 물 분자에게 에너지를 주어야 공중을 날아다니는 기체 물 분자가 되는데, 에너지를 덜 주어도 날아갈 수 있게 되는 셈이야. 그러니 100도가 되지 않아도 높은 산에서는 물이 끓지.

별것 아닌 일에도 부글부글 끓어오르면서 화를 주체를 못 하는 사람들이 있지? 그런데 말이야. 그런 사람도 덩치 큰 마동석 아저씨가 나타나서 어깨를 꾹 누르면 화 안 낸다? 영화에서나 나오는

> 뭐라고요?
> 내 덩치가 커지면 나한테 화내는 사람이 줄어든다고요?

장면이기는 하지만 말이야. 똑같은 이유로 높은 산에서 밥을 할 때는 냄비 뚜껑에 돌을 얹어 둬. 그러면 좀 더 높은 압력에서 끓이게 되니까 물이 끓기 시작하는 온도가 더 올라가서 밥이 설익지 않아.

너도 키가 자라고 덩치도 커지도록 밥 잘 먹자! 알았지?

지표면으로부터 위로 올라갈수록 기압이 낮아지고 물이 끓는 온도도 내려간다.

- **기압**(氣공기 기, 壓누를 압): 공기로 누름, 즉 중력에 의해 생긴 공기의 무게로 받는 압력.

물이 가장 낮은 온도에서 끓는 곳을 고르세요. ① 학교 운동장 ② 석탄을 캐기 위해 파낸 지하 갱도 ③ 에베레스트산 중턱

35 스케이트 날은 왜 날카로울까?

키워드 물질의 상태 변화와 압력

같은 부피라면 얼음이 물보다 가볍다고 했잖아. 얼음 속에 있는 물 분자들은 육각형을 만들면서 모이기 때문에 육각형 안에 빈 공간이 생겨서 얼음의 밀도가 액체인 물보다 작아서 그래.

만약 얼음을 아주 세게 꾹~ 누르면 어떻게 될까? 뾰족한 바늘이나 스케이트의 날로 얼음을 꾹~ 누르면 엄청나게 높은 압력이 생길 거야. 넓은 손바닥으로 풍선을 세게 치면 풍선이 터지지 않지만, 바늘로는 풍선을 살짝만 찔러도 터지듯 말이야.

얼음 속의 물 분자들은 갑자기 난감해. 날카로운 스케이트 날로 꾹 누르니까 물 분자들이 받는 힘이 아주 많이 커지면서 불편해져. 이미 사람으로 가득 찬 지하철이나 엘리베이터에 사람들이 막무가내로 더 밀고 들어온다고 생각해 봐. 안에 있던 사람들이 처음에는 자기들이 편한 위치에 편한 자세로 있다가 어쩔 수 없이 몸을 돌려서 다른 사람과 얼굴을 아주 가깝게 마주할 수도 있겠지.

얼음 속의 물 분자들도 마찬가지야. 힘으로 꾹 누르면 갑자기 부피가 줄어들면서 처음의 육각형 줄 서기를 유지할 수가 없어. 좀 더 좁은 공간에 물 분자들이 옹기종기 모이면서 무질서하게 돼. 어? 이런 무질서한 배열은 액체일 때의 물 분자들의 모습이잖아? 그래. 잘 기억했어. 얼음에 높은 압력을 주면 물로 변해 버린단다.

우리가 추운 겨울에 스케이트를 탈 수 있는 이유는 스케이트 날 아래의 얼음이 액체 물이 되어 버려서 가능한 거야. 스케이트 날 아래에 생긴 물은 윤활제가 되어서 스케이트가 쭉쭉 잘 미끄러지게 만들지.

온도를 높이지 않고도 얼음을 녹일 수 있어. 스케이트 날이 날카로울수록 더 큰 압력을 만들 수 있으니까 더 잘 미끄러진다. 궁금증 해결 끝!

한 줄 정리

얼음 상태인 물 분자에 큰 압력을 주면 액체 상태인 물로 바뀐다.

탐구왕 과학퀴즈

얼음을 녹이려면 온도를 높이거나 □□을 높인다.

36 초임계 유체가 뭐야?

키워드 물질의 상태 변화와 초임계 유체

    액체 속에서 분자들은 서로를 잡아당기면서 오글오글 모여 있어. 분자들의 파티라고 생각하면 될 것 같아. 이 친구와 이야기하다가 또 다른 곳으로 가서 다른 친구와도 이야기하지.

    기체 상태의 분자들은 다른 친구에게 관심이 없어. 그냥 혼자서 슈웅~ 슈웅~ 날아다니지. 팔다리를 막 떨기도 하고 뱅글뱅글 돌기도 하면서 슈퍼맨처럼 허공을 날아다녀. 아주 자유로워.

    액체는 일정한 온도에서 압력이 낮아지면 기체가 될 수 있어. 또한 일정한 압력에서 온도가 높아지면 기체가 되어서 공기 중으로 날아가. 그런데 어떤 특정한 온도와 특정한 압력 이상에서는 더 이상 액체와 기체의 상태를 구분할 수가 없는데, 이것을

'임계점'이라고 해.

 그런데 액체를 어떤 작은 통 안에 가두고 아주 뜨겁게 만들면 어떤 일이 생길까? 분자들은 이제 다른 친구들과 같이 있는 것이 불편해. 너무 뜨거워지고 있거든.

 "'아유, 더워. 기체가 되고 싶어."

 그런데 문제가 생겼어. 기체가 되어 날아가고 싶은데 물 안에 갇힌 거야. 날아갈 수가 없어! 다른 분자와 뚝 떨어져 있고 싶은데 다닥다닥 붙어 있어야 하는 상황이야.

 누군가 나를 꽉 누르면서 엄청나게 더운 곳에 가뒀다고 상상해 봐. 너무 좁고 더워. 분자는 처음에는 경고만 하겠지.

 "그만해라. 그믄흐르그!"

 임계점을 지나서도 압력과 온도가 높아지면 거의 미칠 지경이 될 거야. 그러면 이렇게 화를 내겠지?

 "아아악! 좀 그만하라고!!!"

 바로 이 상태, 분자에게 압력과 온도의 임계점을 지나 계속해서 압박하는 상태에 놓인 것을 '초임계 상태'라고 해.

 이 상황에서 분자들끼리 좋아하는 마음이 남아 있겠어? 그럴리가. 그래서 원래는 끈적끈적하게 서로 붙으려고 했던 액체의

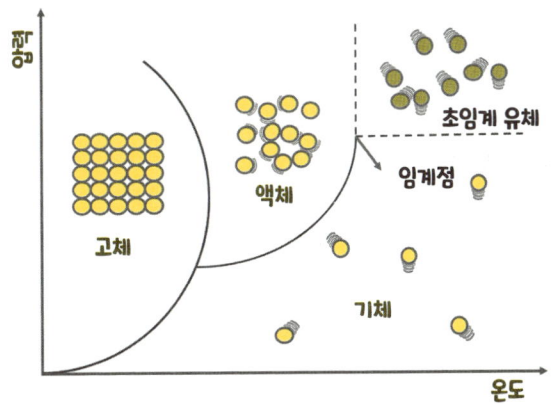

성질이 없어져. 겉으로 보기에는 액체처럼 보이는데 액체가 가지고 있는 성질인 끈적임, 즉 점도는 없는 기체처럼 되는 거야. 흐를 수 있는 물질을 '유체'라고 하는데, 끈적이지 않으면서 잘 흐르는 유체를 '초임계 유체'라고 해.

   초임계 유체로 할 수 있는 일이 많아. 이산화탄소를 초임계 유체로 만들면 여러 가지 물질을 잘 녹여 낼 수 있어. 물질을 녹여 낸 다음에 압력을 낮추어서 이산화탄소를 기체로 만들면, 이산화탄소는 다 날아가고 추출물만 남지. 커피콩에서 카페인을 녹여내서 없앨 때도 초임계 상태의 이산화탄소를 쓴단다.

   초임계 유체가 되는 분자들에겐 미안한 이야기지만 초임계 유체는 참 쓸모가 있어.

한 줄 정리

임계점을 넘어선 유체는 액체와 기체의 성질을 동시에 가지는 초임계 유체가 된다.

과학 문해력

- 유체(流흐를 유, 體몸 체): 액체와 기체를 합쳐 부르는 말.
- 임계(臨임할 임, 界경계 계): 경계에 다다랐다는 뜻.
- 점도(粘끈끈할 점, 度정도 도): 흐르는 물질에서 끈적거리는 정도. 잘 흐르는지 흐르지 않는지 정도.

탐구왕 과학퀴즈

액체와 기체가 구분되는 임계점 이상의 온도 및 압력에서 존재하는 물질의 상태를 □□□□□라고 한다.

37 기름은 왜 물보다 높은 온도에서 끓을까?

키워드 물질의 상태 변화와 분자의 크기

올리브기름에는 올레산이라는 기름 분자가 있는데, 이렇게 생겼어. 그 아래 있는 분자는 물 분자야.

딱 봐도 기름 분자는 물 분자보다 무지하게 크지? 사슴은 통통 높이 뛸 수 있지만 코끼리는 그럴 수 없어. 분자가 기체 상태

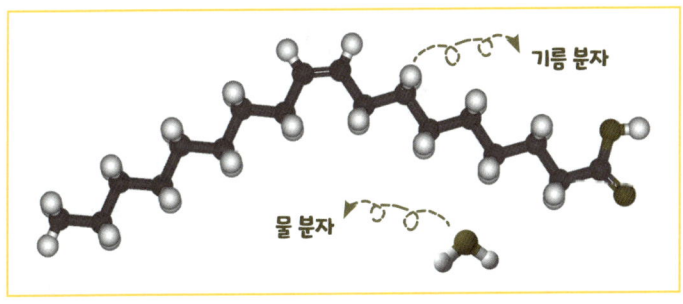

기름 분자와 물 분자의 크기

가 되려면 가볍게 날아다닐 수 있도록 에너지를 줘야 해. 작은 분자는 적은 에너지로도 날아다니지만 큰 분자는 그럴 수가 없어. 지구는 무거운 애들을 좋아한다고 했잖아. 무거운 기름 분자에게 아주 큰 에너지를 줘야 지구의 사랑을 뿌리치고 하늘을 날아다닐 수 있지.

기름 분자는 크기가 큰 만큼 전자도 많아. 분자에 있는 전자들이 출렁거리면서 분자 속에 양전하, 음전하의 짝이 만들어져. 그러면 바로 옆에 있는 분자의 전자도 같이 출렁이면서 분자끼리 서로 붙으려고 해. 비슷하게 생긴 기름 분자들은 서로 좋아해. 덩치가 크니까 전자도 많고 그만큼 서로 붙잡는 힘도 커.

한 분자가 "나 이제 기체가 될래"라고 하면서 날아가려고 하면, 옆에 있는 분자가 "가지 마, 나랑 손잡고 놀자"라고 하면서 못 가게 잡아. 아주 높은 에너지를 주어야, 즉 온도를 뜨겁게 올려야 "아, 더워. 좀 떨어져 있자" 하면서 비로소 날아갈 수 있어.

그래서 기름은 아주 높은 온도여야 비로소 끓을 수 있어. 물은 100도에서 끓지만, 올레산은 온도가 223도나 되어야 끓어서 기체가 될 수 있어. 같이 있던 기름 친구가 놀자는 것도 뿌리쳐야 하고, 무거운 몸으로 하늘을 날아야 하니 에너지가 아주 많이 필요하거든.

과학자가 뭔가를 발견한 듯, 팔짱을 끼고 이렇게 말해 볼까?

"기름을 기체가 되게 하는 것은 타조를 날게 하는 것만큼이나 어려운 일이야. 에헴."

기름은 기름 분자가 크고 무거워서 기체로 바뀌는 데 큰 에너지가 필요하다.

- **전하**(電 전기 전, 荷 멜 하): 전기를 업은 상태. 즉 전기의 성격을 띠는 것. 전하에는 양(+)전하와 음(-)전하가 있다.

탐구왕 과학퀴즈

기름 분자의 크기는 물 분자보다 아주 더 (① 작다, ② 크다). 그래서 기름을 끓이려면 더 (③ 작은, ④ 큰) 에너지가 필요하다.

38 분자 흡열귀
(흡혈귀 아님 주의!)

키워드 물질의 상태 변화와 흡열 반응

　주전자에 물을 붓고 가스레인지 불 위에 올려놓으면 어느 순간 물이 보글보글 끓기 시작해. 물 분자들이 "너무 더워. 너무 더워!" 그러다가 "아아악! 난 더 못 참아. 날아가겠어!"라고 하면서 기체가 되어 날아가는 거지. 말 그대로 분자가 열 받은 거야. 열을 받아서 점점 더 부들부들 떨어대다가 허공으로 휙휙 날아가.

　설탕을 뜨겁게 가열해 볼까? 처음에는 고체였던 설탕이 녹아서 액체가 될 거야. 설탕 분자들이 서로서로 손을 잡고 있다가 "너무 덥다" 그러면서 왔다 갔다 서성이지. 이렇게 고체는 열을 받으면 녹아서 액체가 될 수 있어. 그런데 이 녹은 설탕을 계속 가열하면? 점점 갈색으로 변해. 그러다가 어느 순간 아주 시커멓게 변해서 딱딱한 덩어리가 되지. 설탕 분자가 숯덩어리로 변한 거야.

무슨 일이 일어난 걸까? 처음에는 설탕의 분자들이 에너지를 받아서 액체가 되었어. 이때까지만 해도 설탕 분자의 모습은 변하지 않아. 하지만 더 높은 온도로 가면 설탕 분자의 모습 자체가 변해. 설탕에 있는 탄소와 수소의 결합, 탄소와 산소의 결합들이 끊어지고 탄소와 탄소의 결합들이 새롭게 생겨나.

이렇게 열(에너지)은 화학 결합이 끊어지게 만들 수 있고, 끊어진 부분을 서로 연결시켜 새로운 화합물을 만들 수 있고, 그 새로운 화합물이 열 받아서 다른 물질로 변할 수도 있게 해.

어떤 물질을 녹이거나 끓게 만들려면 분자들이 잘 돌아다니도록 에너지를 줘야 하잖아? 이때 열은 이디에서 어디로 이동했어? 그래 맞아. 열은 바깥에서 화합물 속으로 들어갔어. 이렇게 분자가 열을 가

난 흡열귀!

져 가는 것을 '흡열 과정' 또는 '흡열 반응'이라고 해.

알코올을 피부에 바르면 시원해지지? 알코올 분자가 피부에서 열을 빼앗아서 기체 분자가 되어 날아간 거야. 알코올 분자가 흡혈귀처럼 열을 쭉 빨아들이는 거지. 흡열 반응에서는 분자가 흡열귀야. 흡혈귀가 아니고 흡열귀.

❀ 한 줄 정리

고체에서 액체로, 액체에서 기체로 변화시키려면 외부로부터 열을 주입시켜야 한다.

❀ 과학 문해력

- 흡열 반응(吸마실 흡, 熱더울 열, 反돌이킬 반, 應응할 응): 열을 흡수하는 반응.

❀ 탐구왕 과학퀴즈

고체인 설탕 분자가 외부로부터 열을 받아 녹으면, 설탕 분자는 (① 흡열, ② 발열) 반응을 한 것이다.

39 소독 알코올을 바르면 왜 시원할까?

키워드 물질의 상태 변화와 발열, 흡열 반응

오리는 날 수 있어. 비둘기도 날 수 있어. 그런데 왜 오리나 비둘기는 날지 않고 걸어 다닐까? 심지어 차가 가까이 와도 비둘기들은 어슬렁어슬렁 걸어가. 왜 그럴까?

날기 위해서는 많은 에너지가 필요해서 그래. 네가 날개가 있다고 생각해 봐. 중력을 이기고 네 몸을 공중으로 띄우려면 얼마나 힘차게 움직여야 할지 말이야. 그래서 새들은 날 수 있음에도 에너지를 아끼기 위해서 걸어가는 거야.

손등에 알코올을 바르면 아주 시원해져. 액체인 알코올이 기체가 되어 날아가려면 알코올 분자는 반드시 어디에선가 에너지, 즉 열을 받아야 해. 바로 우리 손에 있던 따뜻한 열 에너지를 가져가서 그 힘으로 허공을 날아다닐 수 있는 거야. 우리 피부는 열을 빼앗기니까 시원하다고 느끼지. 38장에서 다룬 '분자 흡열귀' 기억하지?

액체를 기체로 만들려면 반드시 에너지를 줘야 해. 물을 끓이려면 냄비 속의 물을 가열해야 하지. 무더운 여름이면 강이나 바다의 물이 기체 분자가 되어 공기가 습해져. 태양으로부터 받은 에너지를 이용하여 물 분자는 기체가 될 수 있는 거야.

기체 분자가 날아다니는 데 필요한 에너지를 빼앗아 버리면 어떻게 될까? 그러면 기체 분자들이 액체로 변해. 저 하늘 높은 추운 곳에서 수증기 즉, 기체가 된 물 분자가 물방울로 변하며 구름을 만들잖아. 그러니까 구름은 기체가 된 물 분자들이 주변에 있는 산소나 질소 같은 기체 분자들에게 에너지를 빼앗겨서 생기는 거야.

액체가 기체가 되려면 에너지를 받아야 하고, 기체가 액체가 되려면 에너지를 내놓아야 하는 거지. 이때 분자들이 주변에서 에너지를 가져와서 자신은 열이 올라가고 주변을 시원하게 하는 것을 '흡열 반응', 주변에 에너지를 뺏기며 자신은 차가워지고 주변을 따뜻하게 하는 것을 '발열 반응'이라고 해.

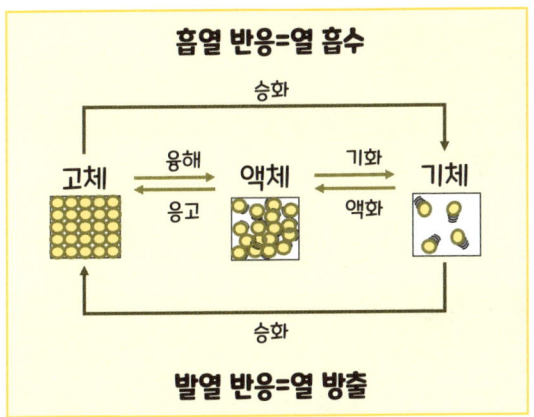

발열 반응과 흡열 반응에 따른 물질의 상태 변화

　더운 날 아파트 경비 아저씨가 왜 길바닥에 물을 뿌리는지 이제 알겠지? 뜨거워진 길바닥에 물을 뿌리면 물 분자들은 길바닥의 열을 흡수해서 기체가 되어 날아가. 물 분자들이 '흡열'을 하였지? 열을 잃은 길바닥은 시원해지지.
　에어컨에는 '냉매'라는 것이 있는데 이것이 방 안 공기에 있는 열을 빼앗으면서 기화가 돼. 그러면 방의 공기가 아주 시원해지지. 어때? 액체가 주변으로부터 열을 얻어서 기체가 되는 현상을 이용하면 우리 생활이 참 많이 편리해지지?

한 줄 정리

외부에 열을 내어놓으면 발열 반응, 외부로부터 열을 빼앗으면 흡열 반응이다.

과학 문해력

- 발열 반응(發나타날 발, 熱더울 열, 反돌이킬 반, 應응할 응): 열을 외부로 내보내는 반응. 그 열로 인하여 외부가 따뜻해진다.
- 기화(氣공기 기, 化변할 화): 액체가 기체로 변하는 현상.

탐구왕 과학퀴즈

기체가 가진 에너지를 빼앗아 액체가 되게 하려면 온도를 (① 높인다, ② 낮춘다).

40. 입을 대지 않고 풍선을 불 수 있다?

키워드 이산화탄소의 특성과 기화

　이산화탄소 분자는 우리가 생활하는 온도에서는 기체 상태로 있어. 휘익~ 휘익~ 잘 날아다니지. 이산화탄소는 아주 특이한 성질이 있어. 온도가 영하 78.5도 아래로 내려가면 고체가 되어 버려. 얼음처럼 생겼지.

　우리가 자주 보는 얼음은 녹이면 물이 되는데 이 차가운 이산화탄소 고체는 따뜻한 곳에 두면 녹지 않고 다시 기체가 돼. 녹을 때 액체가 되지 않고 바로 기체가 된다고 해서 건조한 얼음, 즉 '드라이아이스(dry ice)'라고 하는 거야. 이렇게 고체가 바로 기체로 변하는 것을 '승화'라고 하지.

　왜 이산화탄소 기체는 온도가 낮아지면 고체로 바로 변할까?

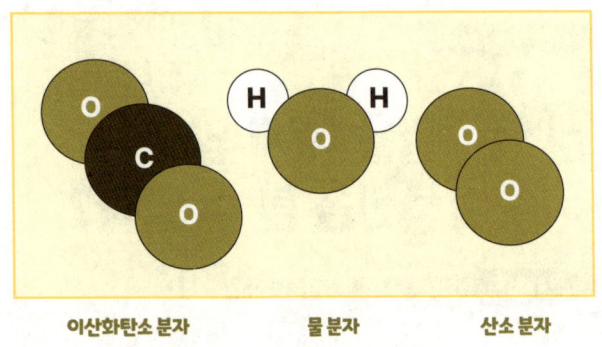

이산화탄소 분자　　　물 분자　　　산소 분자

분자의 구조에 힌트가 있어. 이산화탄소는 탄소를 중심으로 양옆에 산소를 하나씩 잡고 있어. 일렬로 자리잡아서 다른 분자보다 길쭉하지. 물 분자는 V자 모양으로 꺾여 있어서 빙빙 돌면서 분자끼리 자기 자리를 찾고 모양을 잡아야 고체가 되는데, 일자 모양의 이산화탄소는 차곡차곡 쌓이기가 참 쉬워. 그래서 높은 온도에서는 기체로 있다가 온도가 낮아지면 고체로 바로 변해 버리는 거야.

　드라이아이스가 액체를 거치지 않고 기체가 되는 데는 분자의 비밀이 숨어 있어. 이산화탄소의 탄소에는 양전하가 조금 있고 양옆에 있는 산소들에는 음전하가 조금 있어. 그런데 고체인 드라이아이스가 열을 얻으면, 이런 분자들이 에너지를 얻고는

뱅글뱅글 돌기 시작할 거야. 이산화탄소 분자 하나가 돌면서 다른 이산화탄소를 만날 때 음전하를 가진 산소들끼리 가까이 만나면 서로 강하게 밀쳐 버리겠지. 같은 전하끼리 만나는 것을 싫어하니까. 그래서 고체에서 액체가 되는 대신 서로 밀치며 기체가 되는 거야.

산소나 질소 분자도 모양은 단순하지만, 길이가 짧아서 뱅글뱅글 잘 돌아. 뭉치기 어려운 이 친구들은 기체로 있다가 낮은 온도에서 액체로 변해. 분자 안에 양전하, 음전하가 숨어 있지 않거든. 낮은 온도에서 바로 고체가 되는 이산화탄소와 다르지.

드라이아이스로 풍선을 부풀게 할 수 있어. 어떻게 하면 될까? 드라이아이스는 고체에서 바로 기체로 변하니까 풍선 안에 드라이아이스를 넣고 묶으면 된다고? 빙고! 정답이야. 그런데 이 드라이아이스로 부풀린 풍선에는 이산화탄소만 들어 있겠지? 이산화탄소는 공기의 대부분을 차지하는 질소나 산소보다 더 무거워서 떠오르지 않아. 축구하기에 딱 좋은 상태지.

그럼 우리 드라이아이스로 풍선을 만들어 볼까? 풍선에 드라이아이스를 아주 많이 넣으면 풍선이 부풀다가 나중에 터질 수도 있어. 이산화탄소 폭탄이 되는 거지. 응? 드라이아이스 폭탄을 만들겠다고? 아주 용감한걸? 그럼 드라이아이스를 얼마만큼 풍선에 넣어야 풍선이 터지는지 한번 실험해 볼까?

단, 드라이아이스는 절대 맨손으로 만지면 안 돼! 영하 20도만 되어도 온몸이 덜덜 떨리잖아? 드라이아이스는 영하 78.5도로 아주 차가운 상태여서 맨손으로 쥐면 금세 손에서 열을 빼앗아 가지. 그러면 화상을 입은 것처럼 피부가 상할 수도 있어. 그러니 드라이아이스를 만질 때는 반드시 방한 장갑을 껴야 한다! 알았지?

한 줄 정리

기체가 액체를 거치지 않고 바로 고체로 되거나, 고체가 바로 기체로 변하는 물질도 있다.

과학 문해력

- 승화(昇오를 승, 華빛날 화): 고체가 열에너지를 받아 액체가 아닌 기체로 변하는 현상. 기체가 바로 고체로 변하는 현상도 승화라 부른다.

탐구왕 과학퀴즈

이산화탄소를 높은 압력과 낮은 온도의 조건을 맞춰 고체로 만든 것이 □□□□□□다.

41 드라이아이스 빙판에서 스케이트 탈 수 있을까?

키워드 이산화탄소의 특성과 기화

얼음 속에서 물 분자들이 차곡차곡 쌓이려면 액체 물보다 더 많은 공간을 필요로 하기 때문에 얼음이 액체 물보다 밀도가 더 작아. 얼음을 물에 넣으면 얼음이 물 위에 동동 뜨잖아? 지구는 같은 부피라면 더 무거운 것을 좋아한다고 했지? 밀도가 더 높은 액체 물을 얼음보다 더 좋아하기 때문에 얼음은 물 위에 떠.

얼음은 높은 압력을 받으면 부피를 줄이기 위해서 액체로 변할 수 있다는 것을 기억하지? 물의 아주 중요한 특징이야. 날카로운 스케이트 날이 얼음을 꾹 누르면 압력이 커지면서 얼음이 녹아 물이 되기 때문에 얼음 스케이트를 탈 수 있어.

드라이아이스는 어떨까? 아쉽게도 이산화탄소의 고체인 드라이아이스는 꾹 눌러도 고체 그대로 있어. 그러니 드라이아이스로 만들어진 아이스링크에서는 스피드스케이트나 피겨스케이트를 탈 수가 없어. 드라이아이스에서 스케이트를 타려면 영하 78.5도보다도 더 추운 스케이트장을 만들어야 할 테니 스케이트를 타는 것 자체가 엄두도 안 나겠지만 말이야.

하지만 드라이아이스로 만든 아이스링크 위에서 미끄러지는 것이 불가능한 것은 아니야. 바닥이 매끈하고 넓은 신발과 이 신발을 가열할 수 있는 열선을 신발 밑창에 깔면 되지. 드라이아이스는 영하 78.5도 이상이 되면 기체가 되잖아? 따끈따끈한 신발 바닥이 드라이아이스를 만나면 이산화탄소 기체가 생겨. 이 기체가 신발과 아이스링크 표면 사이에 끼이게 되니 드라이아이스와 신발 사이에는 마찰이 거의 없게 돼. 그러니 잘 미끄러질 수 있어.

이제 상상 실험은 그만하고 드라이아이스를 가지고 집 방바닥에서 놀아 볼까? 오락실에서 하던 에어하키를 집에서 해 볼 수 있어. 먼저 스키 장갑을 껴. 납작하고 평평한 드라이아이스를 바닥에 놓고 장갑으로 탁 밀쳐 봐. 드라이아이스가 승화하면서 생기는 이산화탄소 기체가 드라이아이스와 바닥 사이에 끼이기 때문에 마찰이 거의 없이 드라이아이스가 쭉 미끄러질 거야.

(주의! 이 놀이는 환기를 시키며 할 것!)

이산화탄소의 고체인 드라이아이스는 압력을 주어도 상태가 변하지 않지만 온도를 올리면 승화하여 기체가 된다.

물 분자가 얼음에서 액체로 바뀌려면
온도를 (① 높이거나, ② 낮추거나), 압력을 (③ 높인다, ④ 낮춘다).

4 단원

물과 수용액의 성질

● ● ●

과학 교과 연계
초 3-1, 4-1, 5-1
중 2

42. 얇은 바늘이 어떻게 물 위에 뜨지?

키워드 물의 성질과 장력

물에는 당연히 물 분자들이 많아. 물 분자들은 다른 물 분자의 머리를 만지고 싶어 한다고 했잖아? 물 분자는 주변에 다른 물 분자가 많이 있으면 아주 기분이 좋아.

물속의 물 분자는 사방팔방 위아래 어디를 봐도 다른 물 분자가 보여. 정신없이 다른 물 분자의 머리를 쓰다듬으면서 신나겠지.

그런데 말이야. 표면에 있는 물 분자는 어떨까? 표면의 아래에는 물 분자가 많으니까 이 물 분자, 저 물 분자 아무나 만날 수 있어. 그런데 위에는 다른 물 분자가 없지. 옆을 보니 물 분자들이 있네. 옆에 있는 물 분자 친구들이 얼마나 소중하게 느껴지겠어? 옆에 있는 물 분자를 꼭 끌어안고 "어디 가지 마. 나하고 놀아" 그러는 거야.

그래서 물의 표면에 있는 물 분자들은 서로 꼭 끌어안으며 서로를 놓으려 하지 않아. 그래서 물의 표면이 마치 양쪽 옆에서 줄을 잡아당기듯이 아주 팽팽하게 펼쳐져. 팽팽하게 잡아 당겨진 줄을 옆에서 눌러서 휘게 만들려면 힘이 들겠지? 물의 표면을 꾹 눌러서 푹 들어가게 만들려면 힘이 드는데 이걸 '표면 장력'이라고 그래.

이런 성질을 가진 물 표면에 바늘을 눕혀서 살포시 놓으면 물 분자들이 그러겠지?

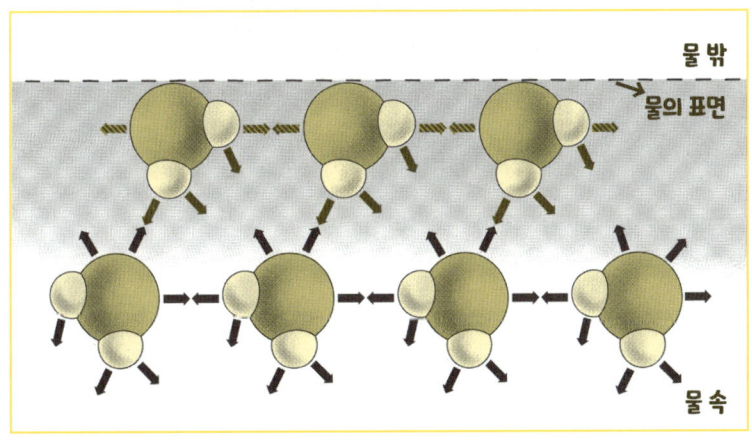

물 표면에 있는 분자들은 서로를 아주 강하게 잡아당긴다.

초등일타과학

"우리는 바늘 너보다 서로를 더 좋아해."

그러면서 물 분자들끼리 아주 단단히 끌어안아. 물 표면은 푹 꺼지는 것을 거부하며 평평함을 유지하려고 해. 심지어 바늘은 같은 부피의 물보다 무거워서 중력으로 지구가 더 세게 당기는데도 물에 가라앉지 않고 떠 있을 수 있지.

어때? 물 분자들의 우정 정말 대단하지 않아?

한 줄 정리

물의 표면에 있는 분자들끼리 서로를 세게 잡아당기기 때문에 물의 표면 장력이 생긴다.

과학 문해력

- **표면 장력**(表겉 표, 面겉 면, 張드러낼 장, 力힘 력): 액체의 표면에서 분자들이 서로 당기려는 힘.

탐구왕 과학퀴즈

물컵 속의 물 표면에 바늘이 뜰 수 있는 이유는 물의 □□□□ 때문이다.

43. 물방울은 왜 동그랄까?

키워드 물의 성질과 장력

퐁~ 하고 튀어 오른 물방울 사진이야. 물방울이 동그랗지? 물방울은 왜 동그랗게 생겼을까?

물속에는 수많은 물 분자가 있고 물 분자들은 다른 물 분자 속에 완전히 둘러싸여 있는 것을 좋아해. 그런데 물의 표면에 있는 물 분자들은 기분이 안 좋아. 자신의 머리 위에는 물 분자가 없거든. 그래서 표면에 있는 물 분자의 개수가 가장 적도록 물의 모양을 바꾸는 거야.

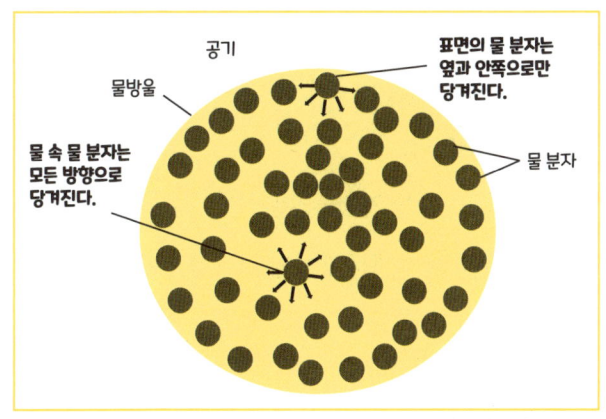

물방울 표면의 물의 장력

물을 컵에 담을 때는 물의 표면이 완전히 평평해야 표면에 있는 물 분자의 개수가 가장 적어져. 그래서 컵에 물을 따르면 컵 가운데의 물 표면이 평평해.

퐁~하고 튀어오른 물방울은 어딘가에 담겨 있지 않아. 공중에 떠 있는 물방울이 표면에 있는 물 분자의 개수를 최소로 만들 수 있는 모양을 가지려고 해. 동그란 공 모양을 하면 정육면체나 다른 모양일 때보다 표면에 있는 물 분자의 개수가 적게 돼. 물만에 가득 차 있는 물 분자의 개수를 가장 적게 잡은 모양이 바로 공 모양이지.

이 공 모양의 물방울 표면을 보면 물 분자들이 바로 옆의 물 분자와 아주 단단하게 끌어안게 돼. 표면이 공 모양으로 팽팽하게 잡아당겨진 셈이야.

이제 알았지? 불만을 가진 물 분자의 개수를 가장 최소로 두는 모양이 공 모양이기 때문에 물방울은 동그란 거야.

물방울은 물 분자가 물의 표면에 노출되는 수를 최소화한 공 모양을 가진다.

물은 표면에 노출되는 물 분자의 숫자를 (① 많게, ② 적게) 하려는 성질을 가진다.

44 왜 물방울은 연잎 위를 굴러다닐까?

키워드 물의 성질과 장력

비가 오는 날 연못에서 연잎을 보고 있으면 재미있는 현상을 발견할 수 있어. 빗방울이 연잎을 적시지 않고 또르르 굴러 내려가 버리는 거야. 그동안 연잎 위에 쌓여 있던 더러운 먼지들은 빗방울에 쓸려 연못으로 퐁퐁 떨어지고 말이야.

연잎에서는 어떻게 물방울이 흩어지지 않고 또르르 굴러갈 수 있을까? 비가 오는 날 세차한 지 오래된 자동차의 유리를 보면, 빗방울이 또르르 굴

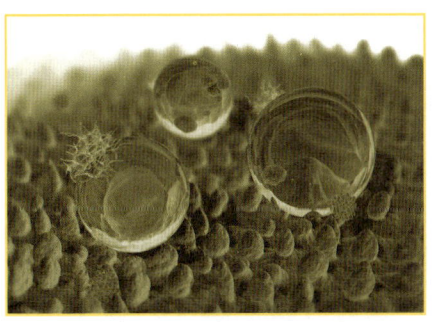

연잎 위에서 물방울이 굴러가는 모습

러가지 않고 긴 자국을 만들면서 흘러내려. 반면 세차를 하고 왁스칠을 한 자동차 유리에서는 빗방울이 또르르 굴러가. 여기에서 힌트를 찾을 수 있어.

짐작했겠지만 그 비밀은 연잎 표면에 있는 성분과 연잎의 생김새 때문이야. 연잎은 멀리서 보면 매끈해 보이지만 가까이에서 자세히 보면 아스팔트 도로처럼 아주 울퉁불퉁해. 그리고 그 표면에는 물을 싫어하는 왁스와 같은 물질이 발라져 있어.

물방울은 공중에 떠 있을 때 표면장력 때문에 아주 동그란 모양이야. 연잎은 물을 별로 좋아하지 않기 때문에 물을 밀어내는 성분으로 옷을 입고 있지. 게다가 연잎의 표면이 울퉁불퉁하니까 물방울이 연잎에 올라와도 연잎과 맞닿는 부분이 적겠지? 그래서 연잎 위의 물방울은 공중에 붕 뜬 상태와 거의 다를 바 없이 동그란 물방울 모양을 유지하는 거야.

이렇게 물을 안 좋아하는 성질을 '소수성'이라고 해. 반대로 물을 보면 쏙쏙 받아들이는 성질을 '친수성'이라고 하지.

연잎에게 거부당한 물방울은 또르르 연잎 위를 굴러 아래로 내려가게 돼. 그 과정에서 연잎에 쌓인 먼지를 만나면 먼지가 물방울에 달라붙어서 같이 씻겨 내려가.

연잎은 더러운 흙탕물에서 자라. 비가 오지 않으면 연잎 위에 먼지도 많이 쌓일 거야. 그렇지만 비가 오기만 하면 빗방울이 또르르 굴러가면서 청소를 다 해 줘. 가만히 있어도 비가 오면 목욕할 수 있도록 진화해 온 거지. 엄청나지 않아? 연잎은 아주 훌륭한 화학자이자 나노과학자야.

물은 연잎과 같이 물을 밀어내는 성질을 가진 물체에 닿으면 흡수되거나 퍼지지 않고 동그란 모양을 유지한다.

과학 문해력

- **친수성**(親친할 친, 水물 수, 性성질 성): 물과 친한 성질.
- **소수성**(疏나눌 소, 水물 수, 性성질 성): 물을 배척하는 성질.
  (비슷한말: 친유성-기름과 친한 성질)

기름은 (① 친수성, ② 소수성)이다.

45. 물방울에 계면활성제를 넣으면?

키워드 계면활성제의 구조

 계면활성제라는 분자들이 있어. 이름처럼 서로 다른 물질이 만나는 경계면 또는 표면을 활성화시키는 물질이야. 계면활성제는 보통 올챙이처럼 생겼는데 머리와 꼬리의 성질이 달라. 머리 쪽은 물 분자를 좋아하고(친수성) 꼬리 쪽은 기름을 더 좋아해서(소수성) 물과 기름 모두와 친해.

 계면활성제는 주변에서 많이 찾아볼 수 있어. 비누, 핸드워시, 샴푸 등의 주성분이고, 심지어 우유에 들어 있는 카세인이라는 분자도 계면활성제야.

 세면대에 떨어진 한 방울의 물방울은 아주 봉긋하게 솟아 있어. 여기에 계면활성제가 들어 있는 핸드워시 거품을 한 방울 떨어뜨리면 어떻게 될까? 궁금해? 직접 한번 해 봐. 어때? 쭉 펴져서 납작하게 되었네.

왜 그럴까? 계면활성제의 올챙이 머리 부분이 물하고 친하잖아. 올챙이 머리들이 물방울 표면을 파고들어. 꼬리 부분은 어때? 기름을 좋아하니까 물과 친하지 않아. 물방울 바깥에 있어. 물과 친한 계면활성제의 머리 부분이 물방울 속으로 들어오면 물방울 표면에 있던 물 분자들은 경계심을 낮추고 이 친구들을 받아들여. 그러면서 물 분자끼리 잡았던 손을 놓게 돼. 이렇게 표면장력이 없어지니까 동그랗던 물방울이 펑퍼짐해지는 거야.

계면활성제가 동그란 물방울을 노곤하게 만들어 버렸어. 우리끼리만 놀자고 두 손 꼭 잡았던 물 분자의 마음을 열게 만든 계면활성제는 대단해. 그렇지?

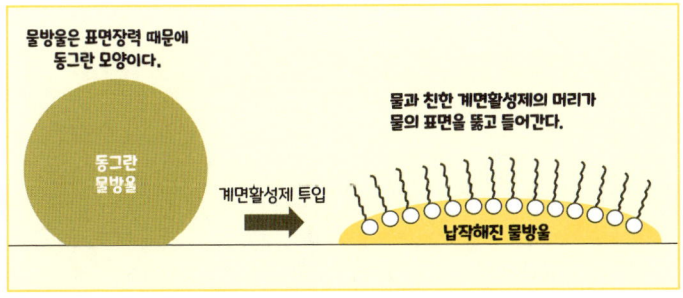

동그란 물방울이 계면활성제에 의해 납작해지는 과정

한 줄 정리

계면활성제는 물방울의 표면을 뚫고 들어가 물방울의 동그랗던 모양을 퍼지게 만든다.

과학 문해력

- **계면활성제**(界경계 계, 面표면 면, 活살 활, 性성질 성, 劑조제 제): 물과 잘 결합하는 친수성과 기름과 잘 결합하는 친유성 부분을 동시에 가지는 물질.

탐구왕 과학퀴즈

계면활성제는 물의 표면장력을 (① 없앤다, ② 더 강하게 만든다).

46. 비누가 때를 씻어내는 원리

키워드 계면활성제의 구조

머리는 물을 좋아하고 꼬리는 물을 싫어하는 올챙이처럼 생긴 계면활성제 기억나지? 만약에 이 계면활성제가 물속으로 들어가면 어떻게 될까? 물 분자에게 가까이 다가가려면 물을 싫어하는 꼬리는 감추고 머리는 바깥으로 보이는 모습을 하게 될 거야.

얼굴에는 번들번들 기름이 나와. 특히 사춘기 형아들은 피부에서 기름이 많이 나와. 그래서 얼굴을 씻을 때 세안제를 쓰는데, 여기에는 주로 계면활성제가 들어 있어. 이 세안제로 얼굴을 문지르면 얼굴의 기름 성분이 계면활성제 올챙이의 꼬리 부분에 갇히게 돼. 이런 동그란 구조를 '마이셀(micelle)'이라고

마이셀의 구조

해. 세안제의 원리는 피부에 붙은 기름을 마이셀에 가둔 후, 다시 물로 마이셀을 씻어 내는 거야. 친수성 머리가 바깥을 향해 있는 마이셀은 물에 잘 분산되거든.

그냥 물로는 씻어 낼 수 없는 얼굴 기름이지만 계면활성제를 사용하니까 쉽게 채포할 수 있네. 계면활성제 정말 대단하지? 물과 기름은 섞이지 않는데 계면활성제 덕분에 기름을 마이셀에 가둔 후 물속에 잡아 둔 셈이야.

기름때를 둘러싸서 제거하는 계면활성제는 참 유용하지? 계

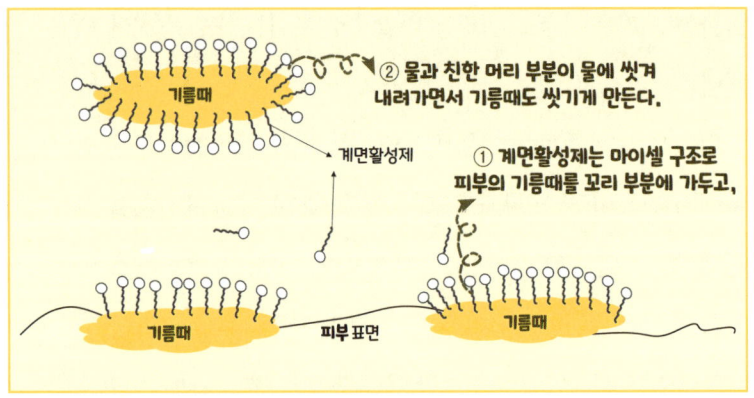

계면활성제가 피부에서 기름때를 가둬서 제거하는 과정

계면활성제는 손에 있는 세균도 체포해서 씻어내 줄 수 있어. 그러니 밖에서 놀고 왔을 때는 꼭 비누로 손을 씻자.

계면활성제는 친수성 머리와 소수성 꼬리를 가지는 구조로 되어 있어 기름때를 마이셀에 가두어 제거하는 역할을 한다.

과학 문해력

- 마이셀: 계면활성제의 친수성 머리가 밖으로, 소수성 꼬리가 안쪽으로 배열된 공 모양 구조.

□□□□□는 기름과 세균을 마이셀에 가두어 물로 씻어낼 수 있게 해준다.

47 커다란 비눗방울 만드는 비밀 레시피

키워드 계면활성제 원리와 응용

 올챙이처럼 생긴 계면활성제는 물을 좋아하는 머리 부분과 물을 싫어하는 꼬리 부분이 있다고 했지? 계면활성제를 물에 풀고 빨대의 끝에 묻힌 다음, 입으로 반대쪽 빨대에 바람을 불어 넣으면 속이 빈 공 모양의 방울을 만들 수 있어. 이게 바로 비눗방울이야.

 비눗방울 속에도 공기가 있고 비눗방울 밖에도 공기가 있지? 비눗방울의 벽은 사실 물이고 그 벽에는 계면활성제가 빼곡하게 박혀 있어. 물을 좋아하는 계면활성제 머리가 물에 박혀 있는 모습을 하고 있지. 계면활성제는 물을 평퍼짐하게 펼 수 있잖아. 벽을 아주 얇게 많이 펴면 이런 비눗방울의 모습이 되는 거야.

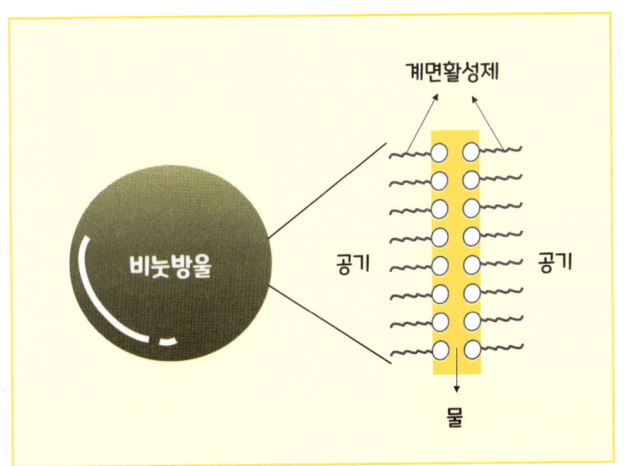

비눗방울의 벽을 확대했을 때 모습

아주 큰 비눗방울을 만들고 싶다는 상상을 해 본 적 있어? 시도할 때마다 자꾸 터져 버렸다고? 그건 비눗방울의 벽이 너무 얇아서 물이 쉽게 증발해서 그래.

비눗방울을 크게 만드는 비법을 알려 줄게. 액체 비누와 물을 섞어서 비눗물을 만드는 것까지는 같아. 여기에 설탕이나 글리세린을 넣어 봐. 설탕은 꼭 잘 녹여야 해. 설탕이나 글리세린은 물이 쉽게 증발하지 않게 잘 붙잡아 주는 역할을 해. 그래서 큰 비눗방울을 만들 수 있게 해 주지.

이 비법은 아무한테도 알려 주지 말고 너만 알아야 해. 알았지?

❀ 한 줄 정리

비눗방울은 계면활성제가 물을 잘 펴지게 하는 성질이 있어서 만들어진다.

❀ 과학 문해력

- 글리세린: 끈기 있고 단맛이 나며 습기를 보존하는 보습 효과가 있어 의약품이나 화장품 등 다양한 화학제품에 쓰인다.

❀ 탐구왕 과학퀴즈

계면활성제는 물을 좋아하는 □□ 부분과 물을 싫어하는 □□ 부분이 있다.

48 설탕 시럽은 왜 끈적끈적할까?

키워드 화합물과 수소 결합

물방울은 수도꼭지에서 똑똑 떨어져. 물방울을 손으로 비벼 보면 끈적거리지 않아. 설탕 시럽은 어때? 숟가락에서 떨어질 때 주욱 길게 늘어질 뿐 아니라 손으로 만져 보면 아주 끈적거려. 둘은 왜 다를까?

설탕 시럽은 설탕을 물에 진하게 녹여서 만들어. 설탕의 화학식($C_{12}H_{22}O_{11}$)은 복잡해. 다음 페이지에 나오는 그림을 한번 봐. 물 분자는 산소 1개에 수소 2개(H_2O)로 간단한데, 설탕은 딱 봐도 그보다 많은 원자로 이루어져 있지?

특히 OH가 많이 붙어 있는데, OH가 붙어 있는 부분이 물 분자랑 사이가 아주 좋아. 설탕 시럽에는 설탕 분자가 아주 많아

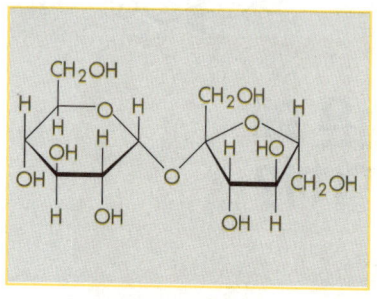
설탕 분자의 화학식

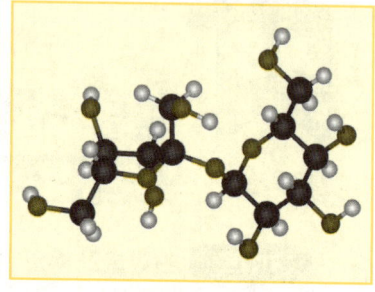
설탕의 구조 모형

서 물 분자가 설탕 분자의 OH들 사이사이에 끼어 들어갈 수 있어. 마치 물 분자가 설탕 분자들을 이어 주는 접착제 같은 역할을 하는 거야.

 물 분자 때문에 여러 설탕 분자들이 서로 연결되어 커다란 덩어리가 되겠네? 설탕 시럽이 물처럼 잘 흐르려면 설탕 분자가 다른 분자하고 쉽게 떨어져야 해. 그런데 물 분자가 "가지 마. 나랑 놀아" 하면서 이 설탕 분자, 저 설탕 분자를 모두 붙잡고 있으니 잘 흐를 수가 없지.

 설탕 시럽은 딱딱하게 굳지 않아. 설탕 분자 사이에 낀 물 분자들이 떨어져 나와서 기체가 되어야 마르잖아? 설탕 조각만 남고 말이야. 그런데 물 분자들이 도망치기가 어려우니까 시럽이 잘 마르지 않아.

꿀, 물엿, 잼 같은 것들도 잘 흐르지 않고 끈적이지? 다 같은 원리야. 물이 분자들을 붙잡고 있어서 끈적거려. 끈적이는 정도를 '점도'라고 하는데 꿀과 같은 것은 점도가 아주 높아.

한편 물 분자가 OH를 가지는 다른 분자들을 강하게 붙잡는 힘은 '수소 결합'이야. 4장과 28장에서 물 분자끼리 서로서로 잘 붙어 있으려는 성질이 '수소 결합' 때문이라고 했지? 그래서 물이 높은 온도에서 끓는 것이고 말이야. 물 분자끼리만이 아니라 물과 다른 분자 사이에도 이 '수소 결합'이 있으면 분자들이 서로 잘 떨어지지 않아.

꿀이 들어 있는 로션이나 크림이 있어. 피부에서 수분이 날아가지 않게 하는 제품을 보습제라고 하는데, 여기에 꿀을 넣는 이유가 뭘까? 꿀에 있는 설탕 분자가 물 분자를 붙잡아서 피부에서 수분이 날아가지 않고 촉촉하게 지켜주는 것이지. 꿀을 넣은 보습제의 원리는 '수소 결합'이라는 것을 알겠지?

한 줄 정리

설탕 시럽의 점도는 물 분자와 설탕 분자, 그리고 설탕 분자와 설탕 분자 사이의 수소결합 때문에 생긴다.

과학 문해력

- **점도**(粘끈끈할 점, 度정도 도): 흐르는 용액에서 끈적거리는 정도. 잘 흐르는지 흐르지 않는지 정도.

탐구왕 과학퀴즈

설탕 시럽은 물과 설탕을 섞어서 만드는데, 물의 □□□□ 성질 때문에 시럽은 끈적해지는 점성이 생긴다.

49 설탕은 왜 찬물보다 뜨거운 물에서 더 잘 녹을까?

키워드 용액과 용해

    설탕 분자는 설탕 분자와 물 분자 중에 누구를 더 좋아할까? 분자는 자기 자신과 똑같이 생긴 분자를 가장 좋아해. 그래서 물에 설탕을 넣고 나서 가만히 두면 바로 녹지 않아. 자기들끼리 있고 싶어 하니까 말이야. 설탕을 물에 녹이려면 휘휘 저어 줘야 해.

    어떠한 분자든 간에 분자는 부르르 떨면서 춤추고 있는데, 액체 분자들은 온도가 높아질수록 더 잘 움직인다는 것, 기억해?

    찬물에서는 분자들이 천천히 움직여. 찬물에서는 설탕 분자와 물 분자들이 천천히 헤엄치며 "안녕, 설탕 분자" "안녕, 넌 물

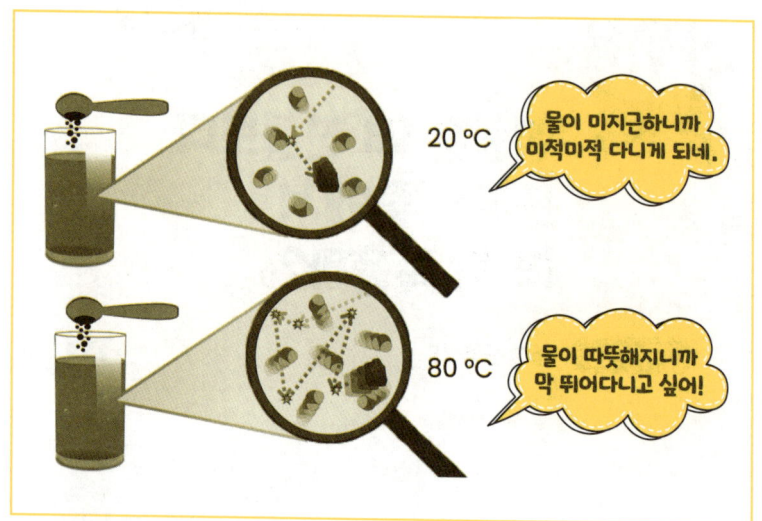

용액의 온도 변화와 분자들의 운동 변화

분자구나" 하고 인사할 여유가 있지. 설탕 분자들은 자기들끼리 모여서 좀 더 오래 이야기를 나눌 수 있어. 그래서 찬물에서는 설탕이 빨리 녹지 않아.

   온도가 올라가면 분자들은 더 빨리 춤추기 시작하고 더 빨리 움직여.

   "안녕?" "안녕! 너 설탕 분자? 아니, 물 분자인가?"

   빨리 다니니까 좀 헷갈리기도 하고 말이야. 온도가 올라갈수록 분자들은 더 빨리 떨고 헤엄치며 정신이 하나도 없어. 방금 지나간 애가 물인지 설탕인지도 막 헷갈려. 온도가 올라갈수록 서로 다른 분자들이 헷갈리면서 마구 섞이는 거야. 원래 초원에서 초식동물과 육식동물은 따로따로 있고 섞이지 않잖아? 그런데 초원에 불이 나면 초식동물이건 육식동물이건 간에 마구 섞여서 도망가기 바빠. 높은 온도에서 설탕이 물에 잘 섞이는 것도 똑같은 이치지.

물의 온도가 올라갈수록 설탕이 녹을 수 있는 양이 늘어나. 온도가 높아질수록 액체 상태의 분자들끼리 서로를 알아볼 가능성은 작아지고 더 잘 섞이거든. 이렇게 물질이 액체에 녹는 것을 '용해'라고 해. 설탕의 경우 물의 온도가 높아지면 높아질수록 녹을 수 있는 설탕의 최대치, 즉 용해도가 증가해.

거꾸로 해 볼까? 설탕을 최대한 많이 녹인 뜨거운 물을 서서히 식히면 설탕 분자들이 더는 녹아 있지 못하고 고체 상태의 결정으로 변해. 소금물도 마찬가지야. 소금을 최대한 많이 녹인 뜨거운 물을 식히면 고체 상태의 소금 결정들이 서서히 생겨. 이런 식으로 아주 순수한 물질을 얻어 낼 수도 있어. 이 과정을 '재결정'이라고 한단다.

한 줄 정리

설탕의 경우 수용액의 온도가 올라가면 용해도가 올라가고, 온도가 내려가면 용해도가 낮아진다.

과학 문해력

- **용액**(溶녹을 용, 液녹을 액): 두 가지 이상의 물질이 서로 완전히 섞여 있는 혼합물. 일반적으로는 고체, 액체, 기체가 액체에 녹은 상태를 일컫는다.
- **용해**(溶녹을 용, 解풀 해): 녹거나 녹인다는 뜻으로, 어떤 물질이 다른 물질에 녹아 골고루 섞이는 현상.
- **용매**(溶녹을 용, 媒매개 매): 어떤 액체에 물질을 녹여서 용액을 만들 때, 그 액체를 가리키는 말.
- **용해도**(溶녹을 용, 解풀 해, 度정도 도): 녹아서 풀어지는 정도. 일정한 온도에서 일정한 양의 용매에 녹을 수 있는 용질의 최대의 양.

탐구왕 과학퀴즈

물을 끓이면 설탕의 용해도는 (① 올라가고, ② 내려가고), 물의 온도가 내려가면 설탕의 용해도는 (③ 올라간다, ④ 내려간다).

50 바닷물은 왜 잘 얼지 않을까?

키워드 용액과 어는 점

　어떤 모양의 컵에도 담을 수 있고, 기울어진 곳에서는 주르륵 흘러내리는 물. 그런데 아주 추운 곳에서는 물이 얼어 버려. 물이 얼음이 될 때 물속에서는 무슨 일이 벌어질까? 강물은 얼어도 강물과 만나는 바닷물은 왜 쉽게 얼지 않을까?

　밥 잘 먹고 몸에 에너지가 넘치는 아이들은 운동장에서 뭘 하지? 그래. 신나게 뛰어놀아. 이 아이들처럼 분자들이 서로 뚝뚝 떨어져서 신나게 날아다니는 상태를 기체 상태라고 해.

　신나게 뛰노는 아이들에게 "얘들아, 이제 모두 들어와! 수업 시작했어"라고 해도 말을 잘 듣지 않지? 선생님께서 몇 번을 불러야 아쉬운 표정으로 천천히 모여들 거야. 한곳에 모여도 옆에

심지어 다리를 다쳐도 잘 놀 수 있지!

있는 친구와 툭툭 장난치는 애들도 있고 몸을 막 흔들거리는 애들도 있어. 자리에서 일어나 다른 아이와 자리를 바꾸는 애들도 있고. 이런 친구들처럼 분자들이 옹기종기 모여 있고 서로 자리를 막 바꾸는 상태를 액체 상태라고 해.

날씨가 아주 추운 날, 학교에 갑자기 난방이 안 된다고 생각해 봐. 선생님께서 모이라고 하시지 않아도 아이들은 옹기종기 모여 앉아 있을 거야. 그리고 몸을 옹크리고, 자리를 바꾸거나 돌아다니지 않겠지. 분자들이 모두 모여서 자리를 바꾸지 않고 오들오들 떨고 있는 상태를 고체 상태라고 해.

이렇게 아이들이 모두 모인 곳에 어디선가 갑자기 커다란 개 한 마리가 나타나서 아이들 사이로 뛰어들려고 한다면 어떤 일이 벌어질까? 아이들은 혼비백산 되어서 사방으로 퍼지지 않겠어? 온도가 더 내려가서 개도 움직이기 싫을 정도일 때 아이들은 한곳에 모여 자기 자리에서 가만히 있겠지.

바닷물은 강물과 다르게 이온이라는 녀석들이 아주 풍부하게 존재해. 소금이 물에 녹으면 Na^+ 양이온과 Cl^- 음이온이 생기는데, 바닷물에는 이런 이온들이 가득해. 이 이온들이 커다란 개처럼 물 분자 사이를 막 뛰어다녀서 낮은 온도에서도 물 분자들이 자신들끼리 차곡차곡 쌓이며 어는 것을 방해해. 그래서 바닷물은 강물이 어는 온도보다 훨씬 낮은 온도에서 얼 수 있어.

바닷물이 잘 얼지 않아서 좋은 점이 있단다. 바다가 잘 얼지 않으니 수많은 생물이 겨울에도 헤엄치며 잘 살 수 있지. 이제 잠이 온다고? 그래, 오늘 밤에는 고래처럼 바닷속을 신나게 헤엄치는 꿈을 꾸길 바라.

🌼 한 줄 정리

소금(NaCl) 같은 물질이 섞인 용액(혼합물)은 순수한 물보다 잘 얼지 않는다.

🌼 과학 문해력

- **이온**: 양성자 수와 전자의 수가 달라서 양전하나 음전하를 띠는 분자 또는 원자.

🌼 탐구왕 과학퀴즈

바닷물은 강물보다 이온이 (① 많아서 ② 적어서) 물이 잘 얼지 않는다.

51 소금물을 끓이지 않고 물만 빼내는 방법

키워드 용액와 반투막

    소금 알갱이를 물에 넣으면 여러 개의 물 분자 아이들이 Na^+ 양이온과 Cl^- 음이온을 각각 둘러싸면서 소금을 녹이지. Na^+ 양이온과 Cl^- 음이온은 늘 물 분자 아이들이 둘러싸고 있어서 덩치가 아주 커졌어. 유명한 연예인이 공항에서 출국할 때 경호원들이 둘러싸고 함께 움직이듯이 말이야. 물속에서 Na^+가 휘익 헤엄쳐 가려면 주변 물 분자들이 "우리 Na^+ 배우님 지나가십니다"라고 하지.

    우리는 강이나 호수의 물을 깨끗하게 걸러서 식수로 사용해. 바닷물은 소금이 너무 많이 녹아 있어서 식수로 사용하기 어려워. 그런데 어떤 나라는 바다에 둘러싸여 있지만 강이나 호수는

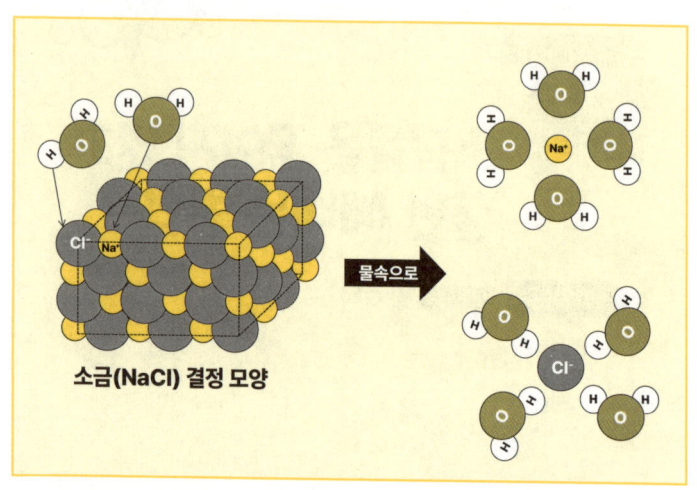

소금 결정이 물에 녹는 과정

별로 없어서 식수를 구하기가 어려워. 이럴 때는 어떻게 하면 좋을까? 바닷물에서 소금을 빼내면 될 텐데 말이야.

반투막이라는 막이 있어. 이 막에는 아주 작은 구멍들이 여러 개 뚫려 있단다. 어떤 반투막의 구멍은 아주 작아서 작은 물 분자 하나씩만 겨우 통과할 수 있을 정도야. 반투막의 영어 단어는 'semipermeable membrane'인데, 이 중에서 'semi'는 '반'이라는 뜻이고 'permeable'은 '통과할 수 있는'이라는 뜻이야. 즉, 물질 중에 일부만 통과시키는 막

(membrane)이라는 뜻이지.

반투막의 한쪽에 바닷물을 놓고 막 쪽으로 바닷물을 지그시 눌러 주면 어떤 일이 생길까? 그렇지. 물 분자는 밀려서 반투막을 통과하지만 물 분자 경호원들이 찰싹 붙어 있는 Na⁺ 양이온이나 Cl⁻ 음이온은 물 분자 경호원들과 함께 움직여야 하니까 이 반투막을 통과하지 못해. 그러면 순수한 물만 막을 통과하게 되겠지?

비가 잘 오지 않고 바다에 둘러싸인 나라들은 이런 식으로 바닷물을 걸러서 일상에서 사용해. 이 과정을 '역삼투압 공정'이라고 한단다.

이렇게 걸러낸 물을 사람이나 동물의 식수로 사용하고 식물을 키우는 데도 사용해. 반투막이 참 고마운 일을 하지?

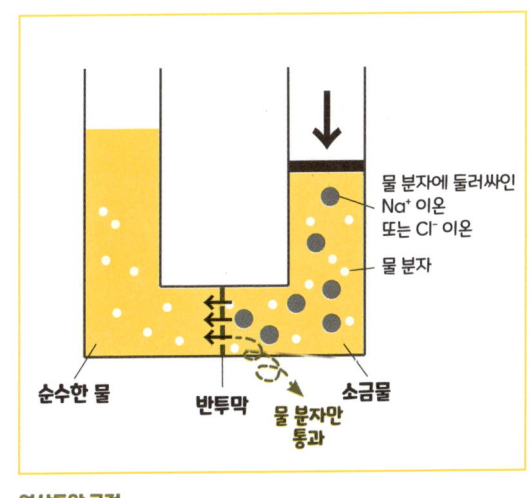

역삼투압 공정

🌸 한 줄 정리 ✏️

농도가 다른 두 수용액 사이에 반투막을 두고 진한 용액 쪽에 압력을 주면 작은 물 분자만 반투막을 통과하게 된다.

🌸 과학 문해력 ✏️

- **반투막**(半반 반, 透투과할 투, 膜막 막): 반만 통과시키는 막, 즉 삼투 또는 역삼투 현상이 일어날 때 어떤 특정한 종류의 이온이나 분자들만 통과시키고 나머지는 통과시키지 않는 막 또는 얇은 층.

🌸 탐구왕 과학퀴즈 ✏️

이온은 반투막을 통과할 수 (① 있어서, ② 없어서) 역삼투압 공정을 이용하여 바닷물에서 순수한 물만 얻어낼 수 있다.

52 배추에 소금을 뿌리면 숨이 죽는 이유가 무엇일까?

키워드 용액과 삼투압

김치 좋아해? 우리 식탁에서 빠지지 않는 반찬이 김치지. 우리가 먹는 김치를 만드는 첫 단계가 바로 깨끗하게 씻은 배추에 굵은소금 뿌리기야. 소금을 뿌리고 시간이 지나면 뻣뻣하던 배추가 축 처진 듯 흐물흐물해져. 엄마는 이걸 "숨이 죽었다"라고 말씀하실 거야. 배추에 무슨 일이 벌어졌을까?

삼투압의 장난으로 배추에서 물이 빠져나와서 그래. 삼투압이 무엇인지 차근차근 알아보자.

순수한 물과 소금물을 아주 작은 구멍이 뚫린 막(반투막)으로 분리해 둔 상황이라고 생각해 봐. 순수한 물에는 말 그대로 물

밖에 없어. 소금물에는 Na⁺ 양이온과 Cl⁻ 음이온이 물 분자들에 둘러싸인 채 돌아다니고 있어서 아주 짜.

　순수한 물이 가만히 보니까 옆 칸에 있는 소금물이 너무 짤 것 같아. 그래서 '내가 물 분자를 좀 나누어 주면 좀 덜 짜겠지?'라고 생각하고 작은 구멍을 통해서 물 분자를 보내. 그런데 물 분자들로 둘러싸여 있는 Na⁺ 양이온과 Cl⁻ 음이온은 막을 통과할 수 없잖아? 얘네는 막을 통과하지 않으니까 원래 자리에 그대로 있어.

　시간이 지나면 소금물의 부피는 더 커지고 순수한 물의 부피는 작아져. 이 소금물과 순수한 물기둥의 높이 차이만큼의 압력

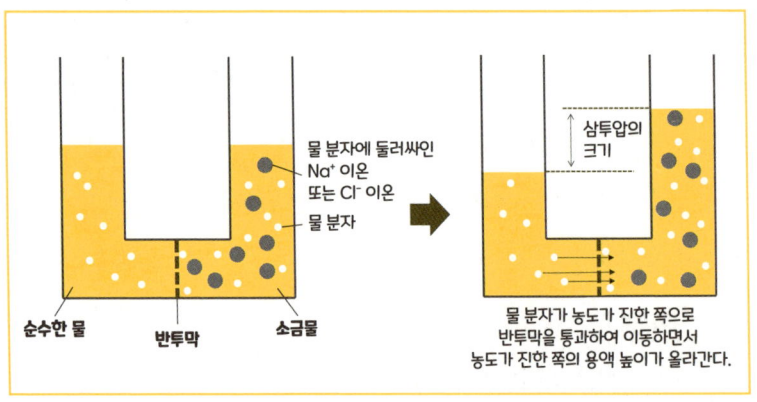

물과 소금물의 삼투압 현상 실험

을 '삼투압'이라고 해. 순수한 물이 소금물 쪽으로 가려는 압력이 그만큼이나 커서 소금물 기둥을 위로 밀어 올리는 거지.

배추에 소금을 치면 배추 속에 있던 물이 세포의 벽을 통과해서 소금이 뿌려진 바깥쪽으로 나오려고 해. 배추의 세포벽이 마치 반투막 같은 거지!

"우~ 밖이 너무 짜잖아? 내가 가야겠어."

그러다 보면 배추가 머금은 물은 빠져 버려서 푹 가라앉아 보이는 거지. 굵은소금을 배추에 툭툭 뿌리는 이유를 알겠지? 배추가 물을 빨리 뱉어내게 만들려는 거야. 물이 다 빠진 상태에서 좀 더 두면, 바깥의 짠 소금기가 배춧속으로 적당히 들어가서 간이 맞게 되는 거지. 배추의 속이 물로 가득 차 있으면 김치가 너무 싱거워서 맛이 없어. 그리고 적당히 짠 상태여야 김치가 상하지 않아서 오래 두고 먹을 수 있지.

만약 누군가의 밭에 소금을 막 뿌린다고 생각해 봐. 완전 테러리스트가 되는 거야. 밭에 있는 식물에서 물을 다 빼내어 버리니까 시들시들해지지. 그래서 바닷물로는 농사를 지을 수가 없는 거란다.

※ 한 줄 정리

농도가 다른 두 수용액 사이를 반투막으로 가로막으면 농도가 낮은 용액에서 농도가 높은 용액 쪽으로 물이 이동한다.

※ 과학 문해력

- 삼투압(滲스며들 삼, 透투과할 투, 壓누를 압): 농도가 다른 두 액체를 반투막으로 막아 놓았을 때, 농도가 낮은 쪽에서 높은 쪽으로 옮겨가는 현상에 의해 나타나는 압력.

※ 탐구왕 과학퀴즈

삼투압 현상에 의해 농도가 (① 낮은, ② 높은) 쪽의 용액의 물이 반투막을 통과해 (③ 낮은, ④ 높은) 쪽의 용액으로 이동한다.

53 주변에서 콜로이드를 찾아보자

키워드 물질의 혼합과 콜로이드

나무를 태우면 연기가 하늘로 솟구쳐. 연기를 손으로 잡으려고 해도 빠져나가. 연기는 나무를 태울 때 생긴 아주 작은 먼지 알갱이들이 공기 중에 퍼져 있는 상태야.

소금물은 필터(거름종이)로 걸러낼 수 없어. Na⁺ 양이온과 Cl⁻ 음이온이 물에 완전히 녹아서 액체 상태로 있거든. 하지만 연기는 달라. 공기 청정기에 들어 있는 필터로 먼지 상태의 알갱이들을 걸러낼 수 있어. 공기는 빠져나가지. 고체인 먼지 알갱이가 기체인 공기에 섞여 있는 것이지, 녹아 있는 것이 아니야.

어떤 아주 작은 알갱이들이 녹지 않고 다른 물질에 잘 섞여 있으면 '콜로이드'라고 해. 연기는 '콜로이드'야. 물질이 잘 분산된 상태지 소금물처럼 분자가 이온화되어서 녹은 상태는 아니야.

주변에서 콜로이드를 찾아볼까? 안개는 콜로이드야. 아주 작은 물방울들이 공기 중에 퍼져 있어. 우유도 콜로이드야. 물에 녹지 않는 기름 덩어리가 단백질에 둘러싸여 물과 섞여 있거든. 강물도 콜로이드야. 진흙이 가라앉지 않고 물에 퍼져 있거든.

어때? 우리 주변에는 콜로이드가 참 많지? 여기서 질문!

마요네즈는 콜로이드일까 아닐까?

정답! 콜로이드가 맞아. 식초와 기름, 달걀노른자를 섞어 만

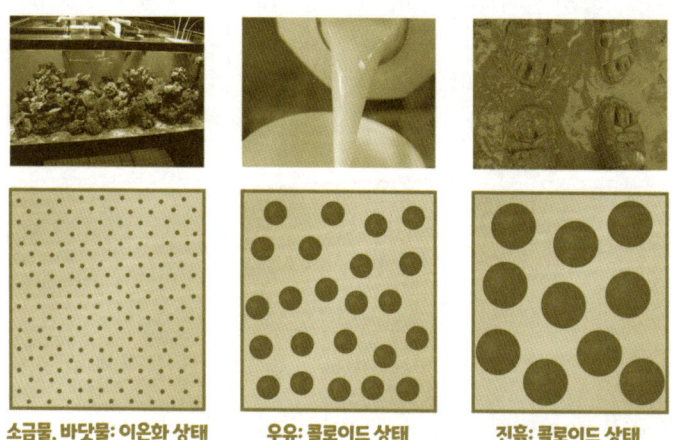

소금물, 바닷물: 이온화 상태   우유: 콜로이드 상태   진흙: 콜로이드 상태

드는 마요네즈도 콜로이드야. 아주 작은 식초 방울들이 기름 속에 잘 퍼져 있으니까.

콜로이드는 작은 알갱이들이 다른 물질 속에 분산되어 있는 혼합물을 일컫는다.

- 분산(分나눌 분, 散흩을 산): 하나의 물질 속에 다른 물질이 미세한 입자로 흩어져 있는 현상.

다음 중 콜로이드가 아닌 것을 고르시오.
① 우유 ② 바닷물 ③ 진흙 ④ 마요네즈

54 강물은 오래 두어도 투명해지지 않는다?

키워드 물질의 혼합과 콜로이드

뿌연 강물을 한 컵 떠와서 가만히 두면 투명해질까? 아니야. 10년, 20년을 기다려도 먼지 같은 것들이 컵 바닥에 다 가라앉지 않고 뿌옇게 그대로 있어. 왜일까?

강물 속에는 점토 성분이 있어. 도자기를 만들 때 쓰는 그 점토 맞아. 이 점토가 가라앉지 않고 물을 뿌옇게 만드는 거야. 점토는 어떻게 생겼길래 가라앉지 않을까?

점토는 그림에서 보는 것과 같이 판처럼 생겼어. 점

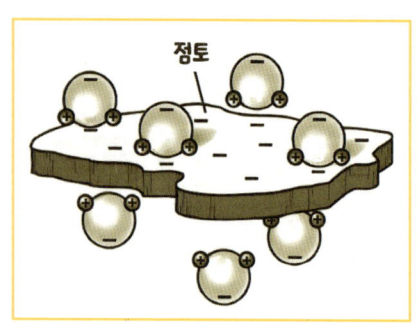

점토가 콜로이드화 되는 원리

토 표면에는 음전하가 많아. 물 분자의 수소 부분이 점토 표면에 붙어서 음전하를 가지는 산소 부분이 바깥쪽을 향하는 모습도 보일 거야.

물속에 흩뿌려진 이러한 점토 알갱이들은 모두 표면에 음전하를 가지고 있겠지? 음전하는 음전하를 싫어해. 그 말은 점토 알갱이들끼리는 서로 싫어한다는 뜻이야. 점토 알갱이들이 서로 뭉쳐야 무거워져서 중력에 의해 바닥으로 가라앉을 수 있는데 서로를 밀쳐내기 때문에 계속 물에 둥둥 떠다니는 거야. 그래서 수백, 수천 년이 지나도 강물은 투명해지지 않지.

이런 점토 알갱이들이 바닷물 속에 있는 Na^+ 양이온을 만나면 재미있는 일이 벌어져. Na^+ 양이온이 점토 알갱이와 점토 알갱이 사이로 가서 꽉 붙잡아. 양전하는 음전하를 좋아하니까 말이야. 그러면 여러 점토 알갱이들이 모여서 큰 입자가 되고 물에 가라앉게 돼.

강이 바다와 만나는 하구는 물이 흐르는 속도가 느려지는데다 바닷물을 만나 점토 알갱이들의 입자가 커지면서 점토가 쌓이기 쉽지. 이렇게 오랜 세월 쌓여서 삼각형 모양의 새로운 땅이 만들어지는데, 이곳이 바로 '삼각주'야. 강물과 퇴적물이

나일강 삼각주

　계속 흘러내려오는 삼각주는 농사를 짓기에 좋은 땅이야.
　이집트 사람들은 수천 년 동안 나일강의 삼각주에서 농사를 지으며 살았어. 뿌연 강물에 들어 있던 점토가 바다를 만나서 삼각주를 만들고 거기에서 찬란한 고대 이집트 문명을 꽃피웠어. 그러니 이집트 문명은 점토와 바닷물 속 Na^+ 이온의 아름다운 만남의 결과인 셈이야.

점토는 물속에서 콜로이드 상태로 존재하다가 Na^+ 양이온을 만나면 가라앉아 퇴적된다.

- **삼각주**(三셋 삼, 角모퉁이 각, 洲섬 주): 강이나 호수가 바다와 만나는 곳에서 만들어지는 삼각형 모양의 땅.

점토 알갱이들이 바닷물 속 Na^+ 양이온과 만나면 삼각형 모양의 땅인 □□□를 만들기도 한다.

5 단원

산과 염기, 산화와 환원

●●●
과학 교과 연계
초 5-1, 5-2, 6-1, 6-2
중 3

55 녹은 왜 슬까?

키워드 산화 반응

무쇠로 만든 솥이나 식칼, 곡괭이 같은 것을 오랫동안 관리하지 않고 내버려두면 빨간 녹이 슬어. 이런 녹은 왜 생길까?

음식 욕심이 많은 아이와 음식 욕심이 별로 없는 아이가 치킨 한 마리를 같이 먹는다고 생각해 봐. 음식 욕심 많은 아이는 자기 몫의 치킨을 다 먹고도 남의 음식을 힐끔거리지.

"그거 다 먹을 거야? 다 안 먹을 거면 내가 먹어도 돼?"

입맛을 쩝쩝 다시면서 자기 음식을 쳐다보는 모습에 음식 욕심이 없는 아이는 입맛이 떨어져. 남은 음식을 주고 말지.

전자를 더 가지고 싶어 하는 산소의 욕심은 어마어마해. 반면 대부분의 금속 원자는 전자에 대한 욕심이 그다지 크지 않아.

페인트칠이 벗겨져 철이 드러나면 산소와 맞닿아 부식되기 쉽다.

금속 원자와 산소 원자가 만나면 어떻게 되겠어? 산소 원자는 금속 원자에게 계속 졸라.

"네가 가지고 있는 전자, 나한테 주면 안 될까?"

마치 표범이 사냥해 둔 먹잇감을 탐내는 하이에나처럼 말이야. 계속 주변을 얼쩡거리면서 졸라대.

"전자 하나만, 전자 하나만 주라."

짜증이 나는 금속 원자는 결국 대답하지.

"그래, 가져가라, 가져가!"

철(Fe) 원자가 전자를 빼앗겨서 Fe^{3+} 양이온이 되고 산소(O)는 O^{2-} 음이온이 되면 산화철(Fe_2O_3)이라는 물질이 생기는데, 이것이 바로 빨간 녹이야. 철 원자에 산소 원자가 붙은 셈이야.

금속 원자가 가지고 있는 전자를 산소 원자가 빼앗으면 녹이 스는 거야. 금속은 사냥감을 빼앗긴 표범이고 산소는 사냥감을 빼앗은 하이에나 같은 존재지. 하지만 금속 중에서 금이나 백금 같은 금속들은 산소에게 전자를 빼앗기지 않아. 커다란 수사자가 하이에나 한두 마리 따위에게 사냥감을 뺏기지 않는 것처럼. 아주 고귀한 금속들이지.

금과 같은 존재가 되어서 음식을 안 뺏기겠다고? 흠, 그래. 음식을 안 뺏기는 것도 중요하지. 자기 몫을 지키려는 것도 필요한 일이야.

한 줄 정리

전자를 끌어당기는 성질이 큰 산소 원자와 전자를 잘 내어놓는 성질이 큰 금속 원자가 만나면 금속은 전자를 뺏기고 산소는 전자를 빼앗는다.

과학 문해력

- **이온**: 원자 또는 분자가 전자를 잃거나 얻어서 전하를 띠는 상태.
- **양이온**: 원자 또는 분자가 전자를 잃어 양전하(+)를 띠는 상태.
- **음이온**: 원자 또는 분자가 전자를 얻어 음전하(-)를 띠는 상태.

탐구왕 과학퀴즈

다음 두 금속 중 산소에게 전자를 더 잘 뺏기는 것은?
① 금 ② 철

56 산(acid)의 탄생

키워드 산의 성질

　원자 중에는 전자를 정말 좋아하는 애들이 있다고 했지? 불소(F), 염소(Cl) 같은 애들이야. 얘네들은 정말 욕심꾸러기야. 누구든 만나기만 하면 "전자 좀 줘!" 그런다니까?

　얘네들이 전자 욕심 없는 순둥이 수소 원자(H)를 만나면 무슨 일이 일어나겠어? 수소 원자에 매달려서 전자를 같이 공유하자고 징징거리겠지? 결국 HF(불화수소)나 HCl(염화수소)와 같은 분자가 돼. 수소의 전자를 놓지 않고 손을 꼭 잡고 다니는 거지.

　HF나 HCl 같은 애들이 물(H_2O)을 만나면 숨겨 놓은 본성이 그대로 드러나. HCl이 물에 들어가면, Cl(염소) 원자는 자기와 같이 있던 H(수소)한테서 전자를 빼앗아서 H^+ 양이온으로 만들어 버려. 자기는 전자를 얻어서 Cl⁻ 음이온이 되고는 멀리 도망가 버리지. HF나 HCl처럼 물에 녹으면 수소 원자(H)를 수소 이온(H⁺)으로 만들어 버리는 애들을 '산(acid)'이라고 해.

아무리 순하고 착한 수소라도 하나밖에 없는 전자를 빼앗기면 어떨까? 기분이 나쁘지. 평소 하지 않던 일을 벌일 만큼 화가 나서 뭔가를 녹이거나 부식시키는 등 폭력적인 행동을 할 수 있어. 예를 들어 산에 들어 있는 H⁺ 양이온은 달걀 껍데기를 녹일 수 있어. 눈이 찌푸려질 정도로 엄청나게 신맛을 만들기도 해. 레몬이 매우 시잖아? 레몬즙에 구연산이 들어 있는데, 구연산은 물에 녹아서 H⁺를 만들기 때문에 그래.

한편 Cl(염소) 원자는 전자를 얻어서 Cl⁻ 음이온이 되었으니 기분이 좋아. 아주 싱글벙글 웃으면서 다녀. F(불소), Cl(염소)같이 욕심 많은 원자 애들 때문에 순하디순한 수소 원자가 포악한 양성자가 되어 버렸네. 어휴, 쯧쯧.

> 산은 조심조심 다뤄야 해!

한 줄 정리

산은 물에 녹으면서 수소 이온(H^+)을 만들어 신맛을 낸다.

과학 문해력

- **산**(酸신맛 산): 물에 녹아 산성을 띠는 물질로, 산성 물질은 주로 신맛을 낸다.

탐구왕 과학퀴즈

산이 신맛을 내는 이유는 수소 이온 때문이다.
수소 이온은 (① H^+, ② H^-)로도 표기한다.

57 염기(base)의 탄생

키워드 염기의 성질

   전자를 아주 좋아하는 원자가 있는 반면 다른 원자를 보기만 해도 전자를 내주는 원자도 있어. Na(소듐, '나트륨'이라고도 해)나 K(칼륨) 같은 원자가 그래. 얘네들은 좀 심해. 전자가 마치 아주 더러운 것인 양 다른 원자에게 냅다 줘.

   물 분자(H_2O)가 유유히 헤엄치고 있는데 Na(소듐) 원자가 갑자기 나타나서는 이렇게 말해.

   "야, 수소하고 산소 원자 너희들! 당장 손 떼."

   그러면서 H_2O를 OH하고 H로 쪼개 버려. 그러고는 OH에 있는 산소 원자(O)에게 이렇게 말해.

   "너 전자 좋아하지? 나한테 있는 전자 줄 테니까 나랑 손잡아!"

Na는 Na⁺가 되고 전자를 떠맡은 OH는 OH⁻가 되었어.

H(수소)랑 손잡고 잘 놀던 물 분자의 O(산소) 입장에서는 정말 날벼락이지. 친한 친구인 H 원자 하나를 보내고 대신에 Na한테 전자를 떠넘겨 받아서 OH⁻가 되어야 하다니. 게다가 마음에도 없던 Na⁺하고 짝이 되어서 같이 있어야 하다니 말이야.

이렇게 Na가 H_2O와 만나 이온성 화합물인 NaOH(엔에이오에이치, '수산화나트륨'이라고도 읽어)가 만들어졌어. 그런데 NaOH가 다시 물(H_2O)을 많이 만나면 어떻게 되는지 알아? Na⁺ 양이온은 OH⁻ 음이온의 손을 탁 놓고는 자기는 물 분자들에 둘러싸여서 놀러 가. '용해'되는 거야. OH⁻ 음이온은 기가 막혀. 전자를 억지로 떠넘겨 받았는데 이제는 같이 놀기 싫다고 손을 놓고 가 버리네? 기분이 별로라 입맛이 떨떠름해. 그래서 떫은맛을 내.

> 왜 다들 나한테 전자를 주는 거야? 거참 떨떠름하네.

NaOH처럼 물을 만나서 OH⁻ 음이온을 내어놓는 애들을 '염기(base)'라고 해. OH⁻는 떫은맛을 내잖아? 그래서 염기는 떫은맛이 나.

자기 책임을 남한테 전가하는 Na와 같은 애들은 나빠. 그치?

염기는 물에 녹으면서 OH⁻(수산화이온)를 내놓으며 떫은맛을 낸다.

- **염기**(鹽소금 염, 基근본 기): 물에 녹아 OH⁻(수산화 이온)를 내놓는 물질.

탐구왕 과학퀴즈

물에 녹아 떫은 맛을 내는 수산화이온을 남기는 물질을 □□라고 한다.

58 산과 염기가 만나면?

키워드 산과 염기의 중화반응

   산(acid)은 물을 만나면 H^+ 양이온(수소 이온)을 만들고, 염기(base)는 물을 만나면 OH^- 음이온(수산화 이온)을 만들어. H(수소) 원자가 전자를 빼앗겨서 생긴 H^+와, 전자를 강제로 떠맡아서 생긴 OH^- 둘 다 기분이 안 좋은 상태야.

   아껴둔 간식을 누군가가 빼앗아 먹어 버리면 기분 나쁘지? 그게 H^+의 기분이야. 누군가가 자기 가방을 맡기면서 들고 가라고 시키면 기분 나쁘지? 그게 OH^-의 기분이야.

   불만에 가득 찬 둘이서 만나면 어떤 일이 벌어질까? H^+와 OH^-는 마법처럼 서로에게 이끌려서 손을 잡아. 손을 잡자마자 물 분자가 돼. 신맛을 내던 H^+와 떫은맛을 내던 OH^-가 만나서 우리가 마실 수 있는 순한 물이 되었네. 서로 운명의 짝을 만나서 안정된 상태가 된 거야.

이렇게 아주 독한 산과 염기지만 서로 만나서 순한 물을 만드는 것을 '중화반응'이라고 해. 물이 생길 때 염(소금)도 같이 생겨. 산의 대표인 HCl(염화수소, 혹은 염산)과 염기의 대표인 NaOH(수산화나트륨)의 중화반응을 다음과 같이 식으로 써 볼 수 있지.

$$HCl + NaOH \rightarrow NaCl(염화나트륨, 소금) + H_2O(물)$$

중화반응을 하니 물과 소금(염)이 생겼네. 염이란 산과 염기가 만나서 만드는 이온성 화합물인데, 소금은 염의 일종이야.

응? 학교에도 산과 염기 같은 애들이 있다고? 성격 이상한 애들 두 명이 쿵짝이 잘 맞아서 잘 논다고? 아주 좋네. 앞으로도 걔네들은 같이 다니라고 해.

우린 성격이 완전 반대여도 쿵짝이 잘 맞지!

한 줄 정리

산과 염기가 만나면 물과 염이 생긴다.

과학 문해력

- **중화**(中중간 중, 和화할 화): 서로 다른 성질의 두 가지가 만나 중간의 성질을 띠는 것.
- **중화반응**: neutralization. 산과 염기가 반응하여 각자의 성질을 잃거나 중간의 성질을 띠게 되는 것.

탐구왕 과학퀴즈

산과 염기가 만나면 물과 염을 만드는 반응을 □□□□이라고 한다.

59. 소듐 금속을 물에 넣으면 펑 터진다?

키워드 화학 반응

금속 상태의 소듐(Na)이나 리튬(Li) 덩어리를 물에 던져 넣으면 펑! 소리가 나. 왜일까?

소듐(Na)이나 리튬(Li) 원자는 자기가 가지고 있는 전자를 아주 부담스러워해. 기회만 되면 전자 하나를 버리고 싶어 하지.

소듐(Na) 금속 덩어리를 물에 넣으면 각각의 Na 원자들이 지나가는 물 분자를 하나씩 낚아채. 물 분자(H_2O)에는 1개의 산소 원자(O)와 2개의 수소 원자(H)가 붙어 있는데, Na가 물의 O와 H 사이에 끼어들면서 둘 사이를 끊어놔. 물 분자는 졸지에 H 원자 하나와 OH로 쪼개졌어. 그때 Na는 OH의 산소 원자에게 말해.

"산소 너 전자 좋아한다며? 내 전자 네가 갖고 있어!"

Na 원자가 하도 힘이 세고 난폭해서 OH는 졸지에 OH^-로 이온이 되어 버렸어. 전자를 하나 버린 Na 원자는 Na^+ 양이온이 되고는 물속으로 헤엄쳐 가버렸지.

갑자기 물 분자(H_2O)에서 떨어져 나온 수소 원자(H)는 혼자가 되어 참 난감해. 하지만 두리번거리다가 바로 옆에 있는 다른 수소 원자를 만나서 손을 잡으며 수소 분자인 H_2가 돼.

2개의 소듐 원자가 2개의 물 분자를 만나서 수소 분자를 만들고, 2개의 Na^+ 양이온과 2개의 OH^- 음이온을 만든 거야. 이걸 간단하게 표시하는 방법이 있어.

$$2Na + 2H_2O \rightarrow 2Na^+ + 2OH^- + H_2$$

소듐(Na) 덩어리에는 Na 원자가 어마어마하게 많이 들어 있어. 그러니 많은 수의 Na 원자가 물에 들어가면 수소 원자(H)들이 갑자기 많이 생기겠지? 수소는 원자 2개(H+H)가 합쳐져서 분자 1개(H_2)를 만들어. 2개의 수소 분자(H_2)는 1개의 산소 분자(O_2)를 만나면서 다시 2개의 물 분자(H_2O)로 변할 수 있어. 공기 중에는 산소 분자가 엄청 많으니, 수소 분자와 산소 분자들은 쉽게 만나겠지?

$$2H_2 + O_2 \rightarrow 2H_2O + 빛, 열, 소리$$

수소 원자는 원래 어디에서 왔더라? 물 분자에서 뜯겨 나왔지? 자기가 다시 물 분자로 돌아가게 됐으니 얼마나 좋아. 아주 기쁜 마음에 "야호!" 하고 소리를 질러. 그게 네가 듣는 "펑!" 소리야. 원자들이 내는 "야호!" 소리가 우리 귀에는 "펑!"으로 들리네.

❀ 한 줄 정리

소듐 금속을 물에 넣으면 수소 분자들과 산소 분자들이 반응하여 물을 만들며 열, 빛, 소리를 방출한다.

❀ 탐구왕 과학퀴즈

물은 산소 원자 □개와 수소 원자 □개가 결합하여 만들어진다.

60 배터리는 어떻게 전기를 만들까?

키워드 화학 반응과 에너지 발생

리튬(Li) 원자는 다른 원자에게 전자를 막 나누려는 성질이 있어. 사람들은 그런 리튬의 성질을 이용해서 배터리를 만들었지.

배터리 안에서 리튬은 탄소로 만들어진 건물에 살아. 탄소 건물 옆에는 높은 다이빙대가 있고, 건물 옆에는 전기가 잘 통하는 전해질로 만든 수영장이 있어.

탄소 건물과 금속산화물 건물 사이에 구리로 만든 줄이 있다고 생각해 봐. Li 원자가 탄소 건물에서 나와 다이빙을 하면서 그 구리 줄에 전자 하나를 슝~ 태워 보내. 전자를 하나 버렸으니 Li 원자는 Li^+ 양이온이 되었지.

Li^+ 양이온은 가벼워진 몸으로 "야호!" 하면서 다이빙대에서

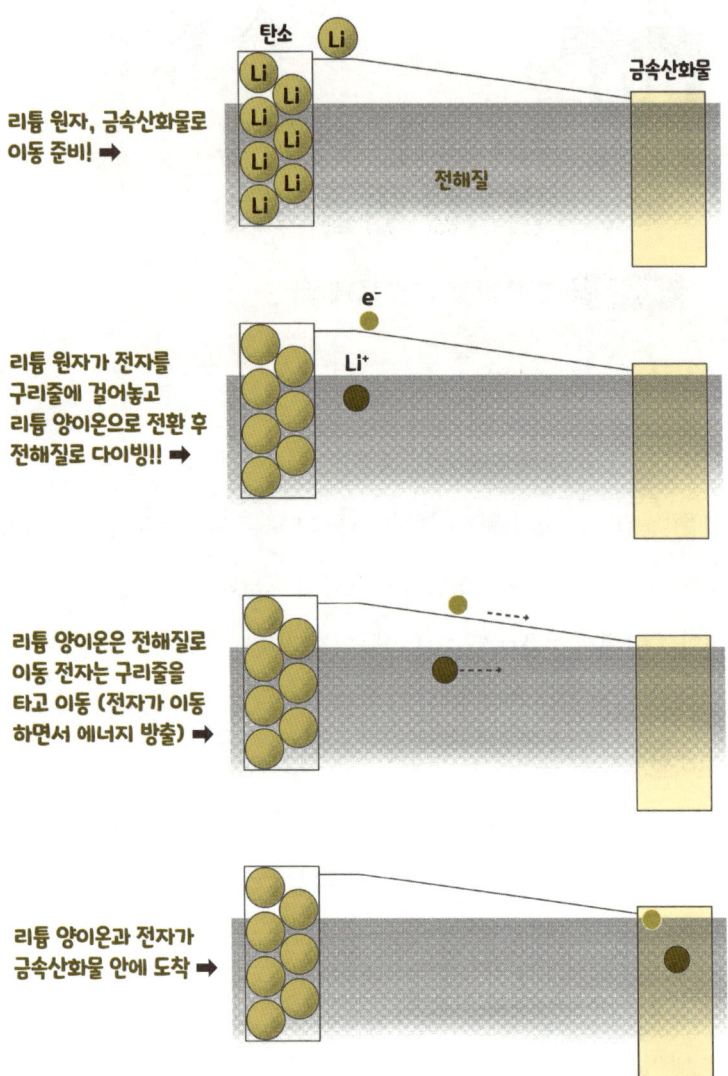

뛰어내린 다음, 수영장 끝까지 헤엄을 쳐서 금속산화물 건물로 들어가. Li^+ 양이온이 수영하는 동안 전자는 줄을 타고 금속산화물 건물에 도착하는 거지.

전자가 줄을 타고 오는 동안에 많은 일을 할 수 있어. 에너지가 넘치는 친구거든. 핸드폰에서 동영상도 나오게 하고, 게임도 할 수 있게 하고, 소리도 나오게 해. 그렇게 줄을 타고 오면서 열심히 에너지를 써 버리는 바람에 금속산화물 건물에 도착하면 힘이 다 빠진 상태지. 힘이 다 빠져서 금속산화물에 들어간 전자는 아무 일도 할 수 없어. 모든 Li 원자에서 전자가 다 빠져나오면 배터리는 방전이 되지.

만약 이 전자를 다시 쌩쌩하게 만들고 탄소 건물로 보내면 배터리를 다시 사용할 수 있겠지? 배터리를 다시 사용하려면 어떻게 하지? 맞아. 충전시켜야 하지.

배터리를 충전할 때 어떤 일이 일어나는지 한번 알아보자. 배터리 충전기를 콘센트에 꽂으면 금속산화물 건물에 있던 전자는 에너지를 얻어서 다시 줄을 타고 탄소 건물로 들어가게 돼. Li^+ 양이온도 금속산화물 건물에서 쫓겨나. 배터리를 충전하는 일은 Li^+ 양이온에게 "여기서 빈둥대지 말고 다시 탄소 건물로 헤엄쳐서 가!"라고 하는 것과 같아. 탄소 건물로 돌아간 Li⁺ 양이온과 전자는 다시 만나서 Li 원자 상태가 되지.

충전된 배터리 속에서 Li 원자는 이렇게 다짐해. '기회가 다시 오면 전자를 꼭 버릴 거야.' 그런데 어쩌나? 난 배터리가 방전되면 또 충전할 건데. Li 원자야, 약 오르지? 에베베베베~

❀ 한 줄 정리

리튬 배터리는 리튬이 전자를 쉽게 잃어버리는 성질을 이용한다.

❀ 과학 문해력

- 전해질(電전기 전, 解녹일 해, 質성질 질): 물 등의 용매에 녹아서 전기를 잘 통하게 하는 성질의 물질.
- 산화물(酸신맛 산, 化변할 화, 物물건 물): 산소와 다른 원소가 결합하여 생기는 화합물을 통틀어 이르는 말.

❀ 탐구왕 과학퀴즈

리튬이 전자를 쉽게 버리는 성질을 이용해 □□□를 만든다.

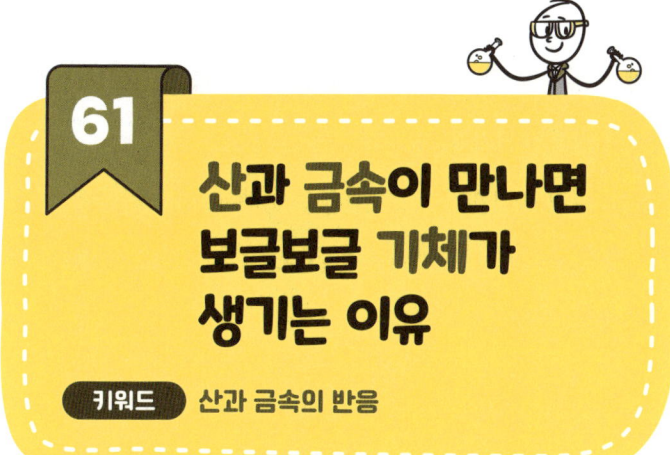

61 산과 금속이 만나면 보글보글 기체가 생기는 이유

키워드 산과 금속의 반응

    원자 중에 전자에 욕심이 많은 아이들이 있다고 했지? 그런 원자가 수소 원자와 만나 전자를 공유하며 화합물을 만들면 산(acid)이 돼. 예를 들면 수소 원자(H)와 염소 원자(Cl)가 같이 있는 HCl(염화수소, 염산)과 같은 것이지. 그런데 이런 산이 전자에 대해 그다지 애착이 없는 금속과 만나면 어떻게 될까?

    HCl이 물(H_2O)에 녹으면 염소 원자(Cl)는 수소 원자(H)에게서 전자를 뺏어와 Cl^-(염소 이온)가 되고 H^+(수소 이온)를 만들지. 여기에 Na(소듐) 금속 덩어리를 넣으면 어떻게 될까?

    Na 원자는 H 원자보다 전자에 대한 애정이 더 없어. 그래서

H^+에게 전자를 주고 자기는 Na^+(소듐 이온)가 돼. H^+는 전자를 받아서 원자인 H가 되지.

수소 원자(H) 2개가 서로 만나 수소 분자(H_2)를 만들어. H_2는 기체라서 물에서 보글보글 솟아올라. 이걸 식으로 써 볼까? 두 가지 방법이 있어.

$$2Na + 2HCl \rightarrow 2Na^+ + 2Cl^- + H_2$$
$$2Na + 2H^+ + 2Cl^- \rightarrow 2Na^+ + 2Cl^- + H_2$$

이걸 가만히 보면 Na 원자는 Na^+ 양이온이 되고 H^+ 양이온은 H 원자가 된 셈이야. Na 원자보다 H 원자가 전자를 더 좋아해서 일어난 일이지.

왼쪽 그림은 마그네슘(Mg) 금속이 물에 녹은 산을 만나면 일어나는 일을 보여 줘. 보글보글 생기는 기체가 바로 수소 분자(H_2)야.

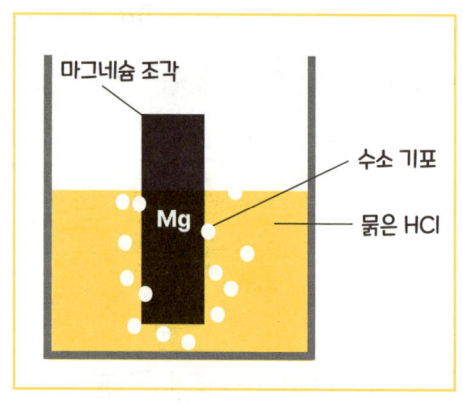

산성인 HCl 용액에 마그네슘 조각을 넣으면 생기는 현상

화학 반응은 얼핏 보면 어려워 보이고 화학 반응식도 외워야 할 것 같아서 겁나지만, 절대로 그렇지 않아. 원자들의 성질을 잘 따져 보면 화학 반응을 이해할 수 있어.

자꾸자꾸 화학 반응식을 보고 무슨 일이 일어나는지 이해하다 보면 어려워 보이는 반응식도 쉽게 이해할 수 있게 될 거야. 그러다 보면 화학 천재로 등극하는 거지.

한 줄 정리

산과 금속이 반응하면 금속이 이온화되고 수소 기체가 생긴다.

과학 문해력

- 화합물(化변할 화, 合합할 합, 物물건 물): 두 가지 이상의 원소가 결합하여 이루어진 물질.

탐구왕 과학퀴즈

산성인 용액에 금속을 넣으면 금속이 녹으면서 □□ 기체를 발생시킨다.

62
나무가 탈 때 나오는 열은 원래 어디에 숨어 있었을까?

키워드 화학 반응과 발열

나무를 태우면 나무에 있는 분자들이 산소를 만나서 이산화탄소와 물로 변할 뿐만 아니라 불꽃도 생기고 열도 나. 이렇게 어떤 분자가 다른 분자로 바뀌는 것을 화학 반응이라고 해. 그런데 나무가 탈 때 나오는 뜨거운 열은 어디에 숨어 있다가 나온 것일까?

나무에 있는 분자들 + 산소 → 이산화탄소 + 물 + 열

분자는 원자들이 서로 손잡고 있는 상태야. 원자의 입장을 생

각해 보면 분자의 상태도 짐작해 볼 수 있어.

 만약 어떤 원자가 자기가 별로 좋아하지 않는 원자와 손을 잡고 분자가 된다면 기분이 어떨까? 좋아서 손을 꼭 잡을까, 아니면 손가락 끝만 대충 걸고 있을까? 당연히 대충 잡겠지. 친한 친구와 짝꿍이 되지 못한 원자들은 기분이 별로야. 이렇게 기분이 안 좋은 원자들이 모인 집단이 화목할 리가 있겠어? 절대 아니지. 서로 부글부글 속을 끓이고 있을 거야.

 그런데 기회가 되어서 친한 원자 아이들끼리 짝을 지으라고 해 봐. 어떻게 될까? 다들 기분이 아주 편안해질 거야. 휴우~ 그러면서 기분 좋은 한숨도 내쉬고.

 발레리나처럼 한 발로 균형을 잡고 서 있어 봐. 힘들겠지? 그러다가 편하게 땅바닥에 눕는 거야. 누워 있는 일은 힘들지 않지. 분자들도 마찬가지야. 불편하다가 편안해지는 만큼 에너지를 뱉어내 버리는 거야. 그 에너지가 열로 나타나는 거지.

 화학 반응에서 나오는 열은 원자와 원자를 이어 주는 화학 결합에 숨어 있다가 나왔어. 이 열이 주변을 따뜻하게 데워. 이렇게 주변을 따뜻하게 만들어 주는 화학 반응을 열이 발생하는 반응이라고 해서 '발열 반응'이라고 불러.

무엇을 태워서 불이 나는 것을 '연소 반응'이라고 하는데 연소 반응은 대표적인 발열 반응이야. 배고프면 놀 힘도 없다가 음식을 먹으면 에너지가 나와서 신나게 뛰어놀 수 있지? 음식물이 우리 몸에서 분해되는 것도 연소 반응, 그리고 발열 반응이야.

우리가 음식으로 먹는 탄수화물, 단백질, 지방 분자들은 실은 불만이 가득 찬 분자들이야. 모두 탄소 원자-탄소 원자(C-C), 탄소 원자-수소 원자(C-H) 등의 화학 결합 속에 에너지를 숨기고 있지. 기회만 되면 이 분자들은 산소를 만나서 이산화탄소와 물을 만들려고 해. 그러니까 우리는 매일매일 불만에 찬 분자들을 태우며 열을 만들어서 살아가는 거야.

한 줄 정리

큰 에너지를 가진 분자들은 작은 에너지를 가지는 분자들로 바뀌며 에너지를 내뱉는 발열 반응을 할 수도 있다.

과학 문해력

- **발열 반응**(發나타날 발, 熱더울 열, 反돌이킬 반, 應응할 응): 열을 외부로 내보내는 반응. 그 열로 인하여 외부가 따뜻해진다.
- **연소 반응**(燃불탈 연, 燒불탈 소, 反돌이킬 반, 應응할 응): 발열 반응 중 하나로, 빛과 열을 내는 화학 반응.

탐구왕 과학퀴즈

발열 반응 중에서도 '불'을 만들어내는 반응을 □□반응이라고 한다.

63 전자 욕심은 상대적이야

키워드 금속의 반응성과 산화 환원 반응

금속 원자들은 대부분 전자에 대한 욕심이 크지 않은 편이야. 그렇다고 해서 금속 원자들의 전자 욕심의 정도가 모두 똑같지는 않아. 전자를 빼앗기거나 더해지면 이온이 되는데, 이렇게 이온이 되려는 정도의 크고 작음을 '이온화 경향'이라고 해.

욕심 많은 구리 원자(Cu)가 길을 가다가 멧돼지처럼 힘센 애한테 전자를 빼앗기고 Cu^{2+} 양이온이 되었어. 그런데 저기 앞에 자기보다 약한 아연 원자(Zn)가 룰루랄라 하면서 오고 있네? 자기보다 약한데 전자를 다 가지고 있는 것을 보니까 Cu^{2+} 양이온이 욕심이 나기 시작해.

"아연! 이리로 와 봐. 네가 가지고 있는 전자 나 줘. 나 달라고. 나 줘. 나 줘. 나 줘어~~"

아니, 이게 무슨 경우래? 하지만 마음 약한 아연 원자(Zn)는 "자, 나 전자 2개 있어. 가져가"라고 하면서 울며 겨자 먹기로 전자를 주지.

$$Cu^{2+} + Zn \rightarrow Cu + Zn^{2+}$$

어쨌든 간에 구리 양이온(Cu^{2+})은 전자를 얻어서 구리 원자(Cu)가 되었고, 아연 원자(Zn)는 전자를 잃고 아연 양이온(Zn^{2+})이 되었어. 전자를 얻으면 '환원'이라고 하고 전자를 잃으면 '산화'라고 해.

욕심꾸러기 구리는 전자 받았다고 좋대. 아주 입이 귀에 걸렸어. 그런데 어쩌나? 조금 있다가 다시 멧돼지처럼 힘센 녀석을 만나 다 뺏길 텐데. 원자, 분자는 오늘도 열심히 전자를 뺏고 빼앗기며 살아가고 있어. 약육강식의 법칙만 존재하는 정글이지.

이러한 산화 환원 현상을 이용하면 건전지도 만들 수 있어. 구리 전극과 아연 전극에 전기가 통하는 줄인 도선을 연결하고 전해질에 담가서 이온이 막을 통하여 이동하도록 하면 돼. 전해

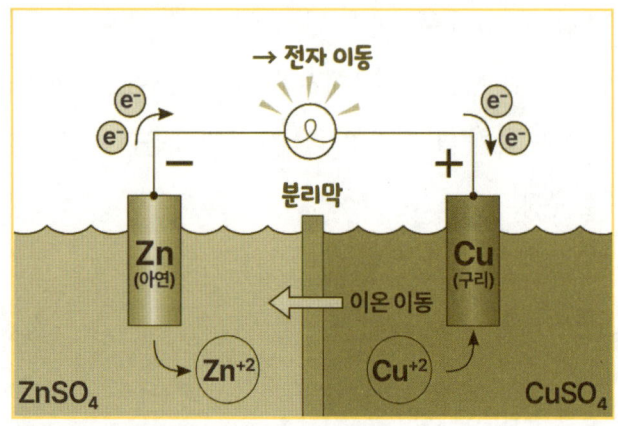

아연과 구리 전극으로 전기를 만드는 다니엘 전지의 원리

질은 이온이 녹아 있어서 전도성을 띠는 용액을 말해. 아연 원자에서 나온 전자가 도선을 타고 구리 전극까지 가서 구리 이온에게 전자를 줘. 전자가 도선을 타고 가면서 이런저런 일을 할 수 있어. 건전지가 작동하는 원리야.

이와 같이 금속 원자들이 전자를 얼마나 더 좋아하는지 그 상대적인 차이를 알면 참 유용하겠지?

한 줄 정리

금속 원자가 이온화되려는 경향은 원자 종류마다 정도가 다르다.

과학 문해력

- **산화**(酸신맛 산, 化변할 화): 물질이 산소와 결합하는 현상. 또는 전자를 잃는 것.
- **환원**(還돌아올 환, 元처음 원): 산화된 물질을 원래의 상태로 되돌리는 것. 또는 전자를 얻는 것.

탐구왕 과학퀴즈

원자 또는 분자가 이온이 되려고 하는 경향을 □□□경향이라고 한다.

64 자동차 배기관에서 뚝뚝 떨어지는 액체는?

키워드 화학 반응과 연소

   자동차의 엔진에서는 탄소와 수소로 이루어진 휘발유가 산소와 만나면서 타고 있어. 타면서 어떤 화학 반응을 하기에 자동차 배기관에서 김이 펄펄 나고 투명한 액체도 뚝뚝 떨어질까? 혹시 자동차 연료통이 깨져서 휘발유가 새는 것 아니냐고?

   집에서 사용하는 가스레인지는 메테인(CH_4)이라는 화합물을 태워서 요리할 수 있는 열을 만들어내. 이 메테인이 산소와 만나서 무엇이 만들어지는지 볼까? 1개의 메테인 분자(CH_4)에는 1개의 탄소(C)와 4개의 수소(H)가 결합되어 있어. 이러한 C-H 화학결합에 산소 원자가 끼어 들어가면서 화학 반응이 일어나.

   공기 중에 산소는 넘치게 많아. 하지만 집으로 공급되는 메테인(메탄) 가스의 양은 정해져 있어. 탄소 원자(C) 1개와 산소 원자(O) 2개가 붙으면 이산화탄소 분자(CO_2)가 만들어지는데, 탄소 원자가 1개밖에 없으니까 이산화탄소도 1개만 만들어져.

메테인 분자에 수소(H)는 몇 개 있었지? 그래, 4개. 수소 원자(H) 2개마다 산소 원자(O) 1개가 붙어서 물 분자(H_2O) 1개가 만들어질 수 있으니까, 수소 원자 4개로부터 물 분자 2개가 만들어지겠네. 이걸 식으로 써 보면 다음과 같아.

$$CH_4 + \Box O_2 \rightarrow CO_2 + 2H_2O$$

아직 산소 분자 몇 개가 쓰였는지 몰라서 □로 표시해 놨어. 하지만 화학 반응 중에 원자는 절대로 그냥 생기거나 없어지지 않아. 그래서 우리는 산소 분자(O_2)가 몇 개인지 알 수 있어. 화살표 오른쪽에 산소 원자가 총 몇 개 있는지 세어 보면 4개라는 것을 금방 알 수 있어.

① CO_2: 탄소 원자 1개와 산소 원자 2개가 만난 이산화탄소
② $2H_2O$: 산소 원자 1개와 수소 원자 2개가 만난 물 분자

(H_2O). 물 분자가 2개 있을 때($2 \times H_2O$) <mark>산소 원자는 2개</mark>.

'산소 원자 2개 더하기 산소 원자 2개'니까 화살표 오른쪽에는 산소 원자가 4개가 있지. 산소 원자 2개가 모이면 산소 분자 1개가 되니까, 산소 원자 4개면 산소 분자 2개가 되지. 이제 식은 완성되었어.

$$CH_4 + 2O_2 \rightarrow CO_2 + 2H_2O$$

어때? 재미있지 않아? 이 식을 잘 봐. 메테인 분자(CH_4) 1개가 사라질 때마다 이산화탄소 분자(CO_2) 1개와 물 분자(H_2O) 2개가 생겨. 엄마가 가스레인지를 켜고 프라이팬을 데울 때 왜 프라이팬 아래에 물이 떨어져 있는지 이제 알겠지?

휘발유가 탈 때도 마찬가지야. 이산화탄소와 물이 생겨. 그러니까 자동차 꽁무니에서는 이산화탄소 기체와 물이 같이 나오는 거야. 물은 액체 상태로 뚝뚝 떨어지기도 하고 높은 온도의 배기관을 통과하면서 수증기로 나오기도 해. 이제 자동차 꽁무니에서 나오는 액체의 정체를 알겠지?

한 줄 정리

연료로 쓰이는 휘발유나 가스 등이 산소와 반응하면서 물과 이산화탄소가 만들어진다.

탐구왕 과학퀴즈

달리는 자동차 배기관에서 뚝뚝 떨어지는 액체는 □이다.

65 물에 잘 녹는 이온끼리 뭉쳐 놨더니 안 녹는다고?

키워드 이온성 화합물과 이온 결합

소금(NaCl, 염화나트륨)은 Na^+ 양이온과 Cl^- 음이온이 빼곡하게 차 있는 구조를 가지는 이온성 화합물이야. 석회 동굴에서 볼 수 있는 석회석($CaCO_3$, 탄산칼슘)도 이온성 화합물이야. $CaCO_3$는 Ca^{2+} 양이온과 CO_3^{2-} 음이온으로 이루어져 있어. 이 둘의 가장 큰 차이는 무엇일까?

양이온과 음이온은 서로 좋아해. 그런데 전자를 많이 잃고 양이온이 된 아이와 전자를 많이 얻어 음이온이 된 아이들끼리는 특히 서로를 더 좋아해.

양이온과 음이온이 좋아하는 정도는 전하의 크기의 곱으로

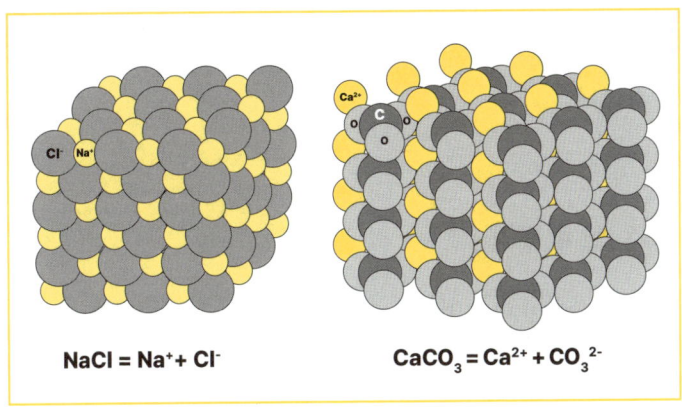

소금(NaCl)과 탄산칼슘($CaCO_3$)의 결정 모형

결정돼. Na^+ 양이온과 Cl^- 음이온은 전하의 크기가 1과 1이니까, 1 × 1은 1이 나오지. Ca^{2+} 양이온과 CO_3^{2-} 음이온은 전하의 크기가 각각 2잖아. 그들의 곱은 2 × 2 = 4가 돼. 그래서 전하의 곱이 4나 되는 Ca^{2+}와 CO_3^{2-}는 Na^+와 Cl^-보다 서로를 더 많이 좋아해.

서로를 아주 좋아하는데 물 분자(H_2O)가 와서 "나하고 놀자" 하며 꼬드겨 봤자지. 잘 안 녹는다는 소리야. 석회석 동굴에 물이 흘러도 동굴이 금방 녹아 없어지지 않는 이유야.

화합물 속에 있는 원자나 이온의 상태를 알면 화합물의 성질을 알 수 있다는 예를 또 하나 배웠네. 오늘도 화학 지식이 하나 더 늘었어!

🧪 한 줄 정리 ✏️

전하의 크기가 큰 이온들로 만들어진 이온성 화합물은 양이온과 음이온들이 서로 당기는 힘이 커서 물에 잘 녹지 않는다.

🧪 과학 문해력 ✏️

- **이온 결합**: 양전하, 음전하를 띠는 이온들이 서로를 끌어당기며 만드는 화학 결합.

🧪 탐구왕 과학퀴즈 ✏️

전하가 큰 이온들로 이루어진 결정은 물에 잘
(① 녹는다, ② 녹지 않는다).

66 살인 사건의 범인이 의심을 피한 방법

키워드 이온성 화합물과 화학 반응

오랜 옛날 어떤 왕국의 궁전에서 일어난 일이야. 부주방장은 자신을 늘 하찮게 보는 주방장이 밉다고 뾰족한 석회석($CaCO_3$, 탄산칼슘) 조각으로 살해해. 그런 다음 이 석회석을 조각내서 어떤 액체에 담가 두고는 유유히 주방을 걸어 나왔어.

다음 날, 주방장이 죽어 있는 것을 발견한 사람들은 범인을 찾아 나서지만, 범인 찾기는 난관에 부딪혀. 범행에 쓰인 흉기를 찾을 수가 없었거든. 범인을 찾기 어렵게 만든 이 액체는 뭐였을까?

석회석이 없어졌다는 것에서 부주방장이 쓴 액체는 산이라는 것을 알 수 있어. 석회석($CaCO_3$)이 대표적인 산성 물질인 염산(HCl, 염화수소)을 만나면 다음과 같은 반응이 일어나.

$$CaCO_3 + 2HCl \rightarrow CaCl_2 + CO_2 + 2H_2O$$

$CaCO_3$(탄산칼슘)가 염산(HCl)에 녹아서 다른 물질($CaCl_2$, 염화칼슘)이 되었어. CO_2(이산화탄소)는 기체가 되어 날아갔고, H_2O(물)은 아무 증거가 되지 못하지.

범행이 벌어진 곳은 주방이야. 주방에서 많이 쓰는 산은 식초지. 석회석($CaCO_3$)이 식초에 들어 있는 아세트산(CH_3COOH)을 만나 석회석이 녹아 없어진 거야.

석회석과 산이 만나면 석회석은 녹아서 형체가 없어지고, 이산화탄소 기체와 물이 생기지.

그래, 맞아. 부주방장은 흉기로 사용한 석회석을 부수어서 진한 식초에 담가둔 거야. 시간이 지나면서 석회석이 다 녹아서 사람들은 석회석의 존재

흠, 심증은 있지만 물증은 없는 사건이 되었군.

를 짐작조차 하지 못했고. 이 사건은 영원히 풀지 못한 미제 사건이 되어 버렸어. 역사의 미스터리지.

석회석(탄산칼슘)은 산과 만나면 녹는다.

산성을 띠는 액체에 석회석을 넣으면 물과 □□□□□ 기체가 만들어진다. (힌트: 화학식 CO_2)

67 황산은 왜 독할까?

키워드 산과 화학 반응

황(S)을 산소(O)와 반응시키면 SO_2(이산화황)라는 기체가 생겨. 이 SO_2가 산소와 더 반응하면 SO_3(삼산화황)가 되지. SO_3 기체를 물(H_2O)과 반응시키면 H_2SO_4라는 물질이 돼. 바로 황산이야. 이 H_2SO_4 분자를 물에 녹이면 2개의 H^+ 양이온과 1개의 SO_4^{2-} 음이온이 생겨.

$$H_2SO_4 \rightarrow 2H^+ + SO_4^{2-}$$

산소 원자(O)가 전자를 엄청 좋아하는 것 알지? 황 원자(S) 1개 주변에 전자 욕심이 많은 산소 원자가 자그마치 4개나 몰려 있으니 SO_4는 전자를 얼마나 좋아하겠어? 황산이 물을 만나면 황산의 SO_4 부분은 2개의 수소 원자(H)로부터 전자를 바로 확 낚아채서 2개의 H^+ 양이온으로 만들고 자기는 SO_4^{2-} 음이온이 돼.

한편 SO_4^{2-} 음이온은 전자가 2개나 있으니까 물 분자의 수소 원자들이 얼마나 좋아하겠어? "음전하가 2나 되는 우리 여왕님!" 이러면서 물 분자(H_2O)들은 SO_4^{2-} 음이온을 꽁꽁 둘러싸. 아주 많은 물 분자가 추앙하고 있는 셈이야. 그러니 황산은 물을 잘 뺏어 오겠지?

수소 이온(H^+)도 잘 만들고 물도 잘 빼앗는 아주 강력한 산이 바로 황산(H_2SO_4)이야. 황산이 얼마나 물을 잘 빼앗는지 보려면 종이에 황산을 떨어트려 보면 돼. 종이에는 셀룰로오스라는 화합물이 있거든? 셀룰로오스에는 H와 OH가 많은데, 이 둘을 떼어내서 물 분자(H_2O)를 만든 다음, 자기 쪽으로 끌어와. 결국 황산이 닿은 셀룰로오스에는 시커먼 탄소만 남지.

참 독한 산 맞지? 그래서 황산을 다룰 때는 정말 조심해야 해. 자칫 잘못하면 피부도 시커멓게 태워 버리니까 말이야.

전기를 만들기 위해 발전소에서 석탄을 태우면 석탄 속에 불

순물로 숨어 있던 황과 공기 중의 산소가 반응해서 SO_2, SO_3 기체를 만들어. 이 기체들은 하늘로 올라가. 그리고 경유 자동차의 배기가스에서는 질소 산화물도 나오지. 황 산화물, 질소 산화물 기체들은 공기 중에서 물을 만나 황산, 질산을 만들어. 공기 중에 있던 황산, 질산이 비와 같이 내려오게 되는데, 이게 바로 산성비야. 이런 산성비를 맞으면 당연히 안 좋겠지?

금성은 영어로 '비너스(Venus)'야. 사랑의 여신 비너스. 그런데 금성에는 지금 황산 비가 내리고 있어. 지표면이 아주 뜨거워서 황산은 다시 기체가 되어 하늘로 올라가고 식으면 다시 비가 되어 내리지. 금성은 전혀 로맨틱하지 않은 행성인 것 같아. 아니면 사랑이라는 것이 그렇게 독한 것일까? 엄마 아빠에게 한번 물어봐. 사랑은 어떤 것인지.

아픔까지 감싸야 진짜 사랑이지!

한 줄 정리

황산은 물을 잘 뺏어 오는 성질이 있어서, 황산이 종이나 옷감에 닿으면 수분은 없어지고 탄소만 남아 시커멓게 된다.

과학 문해력

- 셀룰로오스: 식물의 세포벽을 이루는 주성분. 섬유소라고도 하며, 탄수화물의 한 종류다.

탐구왕 과학퀴즈

종이에 황산이 닿으면 시커멓게 타는데, 이는 종이가 H와 O를 빼앗기고 □□만 남은 자국이다. (힌트: 원소기호 C)

68 화학 반응식만 보고도 발열인지 흡열인지 알아내는 방법

키워드 화학 결합과 에너지

아주 간단한 반응인 수소 분자(H_2)와 산소 분자(O_2)가 만나서 물 분자(H_2O)를 만드는 반응을 살펴볼까?

이 반응이 일어나려면 먼저 수소 원자와 수소 원자 사이의 결합이 끊어지고 산소 원자와 산소 원자 사이의 결합이 끊어져야 해. 이제 매번 이렇게 길게 말로 할 수 없으니 간단하게 표시해 볼게. 2개의 H-H 결합과 1개의 O=O 결합이 끊어져야 해. 그리고 4개의 O-H 결합이 만들어지지. ('-'와 '='의 차이에 대해서는 6단원에서 자세히 설명해 줄게.)

원자와 원자가 만나서 화학 결합을 만들면 원자 상태일 때보다 많이 안정돼. 마치 깊은 우물 속에 있는 물처럼 말이야. 깊은 우물에서 물을 퍼 올리려면 에너지를 많이 써야 하잖아? 마찬가지로 결합을 끊어내려면 에너지를 써야 해.

결합을 끊어내는 데 얼마나 많은 에너지가 쓰이는지, 그리고 새로 생기는 결합이 얼마나 안정한지 서로 비교하면, 어떤 반응에서 열이 나오는지, 아니면 열을 필요로 하는지를 알 수 있어.

다음 그래프는 결합이 얼마나 안정한지 계산해 놓은 거야. 그 숫자가 클수록 떼어내기 힘든 거니까, 더 안정한 결합이지.

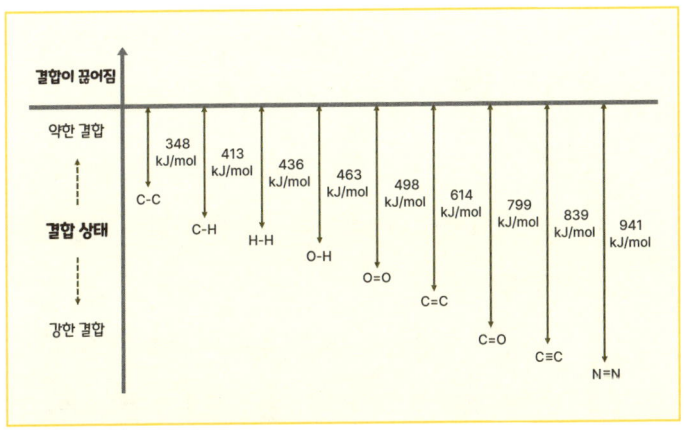

화학 결합의 강도를 수치로 표현한 그래프

수소와 산소 사이의 반응의 결합 에너지를 같이 한번 분석해 보자.

$2H_2 + O_2 \rightarrow 2H_2O$

반응식의 왼쪽(2개의 H-H 결합과 한 개의 O=O 결합)
: 2 x 436 + 498 = 1370
반응식의 오른쪽(4개의 O-H 결합): 4 x 463 = 1852

어때? 반응식의 오른쪽 숫자가 더 크지? 숫자가 큰 오른쪽이 더 안정하고 오른쪽, 왼쪽 두 숫자의 차이만큼 더 안정되는 거야. 안정하게 되는 만큼 에너지를 밖으로 뱉어내. 그래서 수소와 산소가 만나 물이 되는 것은 발열 반응이야.

만약 어떤 반응식에서 왼쪽의 결합 에너지가 오른쪽보다 더 크다면 그 반응은 흡열 반응이야. 더 안정한 분자들을 덜 안정한 분자들로 만들려면 에너지를 분자에게 밀어 넣어줘야 하거든.

이제 화학 결합 에너지도 배웠고 발열 반응과 흡열 반응 판별법도 배웠어. 훌륭한 화학자가 거의 다 되었네. 축하해!

한 줄 정리

원자와 원자가 만나서 화학 결합을 만들면 원자일 때보다 더 안정된 상태가 된다.

과학 문해력

- **화학 결합**(化변할 화, 學배울 학, 結맺을 결, 合합할 합): 물질을 구성하는 원자나 이온 사이의 결합. 그 특성에 따라 공유 결합, 이온 결합, 금속 결합 등으로 나뉜다.

탐구왕 과학퀴즈

수소와 산소가 만나 물이 되는 것은 (① 발열, ② 흡열) 반응이다.

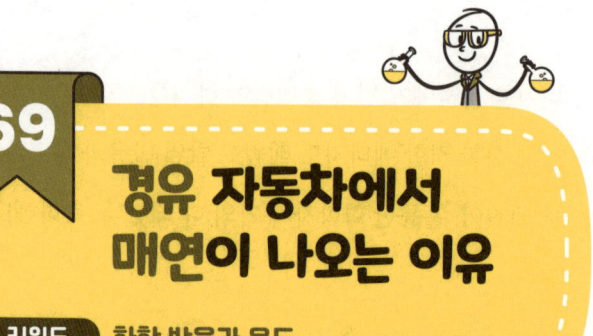

69 경유 자동차에서 매연이 나오는 이유

키워드 화학 반응과 온도

  우리가 사는 세상의 공기는 78%가 질소 분자, 21%가 산소 분자로 이루어져 있어. 질소와 산소는 상온에서 서로 반응하지 않아. 둘이 손 잡는 일이 없다는 거지.

  자동차에 넣는 기름 중에는 경유('디젤'이라고도 해)가 있어. 경유를 사용하는 자동차의 엔진에서는 질소 분자와 산소 분자가 서로 반응해서 다양한 물질을 만들어. 이를 질소가 산소와 결합해서 만든 물질이라는 뜻으로 '질소 산화물'이라고 해. 이 질소 산화물들이 공기 중으로 배출되면 산성비를 만들고, 산소 분자와 만나서 무시무시한 오존 분자(O_3)를 만들기도 해. 폐 질환을 일으키는 주범 말이야.

우리가 숨 쉬는 공기에서는 질소와 산소가 함께 있어도 서로 반응하지 않는데, 어떻게 경유 자동차 엔진 안에서는 반응할까? 그 열쇠는 바로 온도야. 경유 자동차 엔진의 온도는 무려 섭씨 2,500도나 되거든.

이 높은 온도에서는 질소와 산소 분자들이 정신없이 몸을 더욱 세게 부르르 떨고, 엄청나게 빠른 속도로 날아다녀. 분자가 빠른 속도로 날아다닌다는 것은 분자가 가진 에너지가 아주 크다는 의미야. 좁은 통에서 정신없이 날아다니면 서로 아주 많이 부딪치겠지?

좁은 교실에서 아이들이 막 뛰다 보면 책상에 걸려 넘어지거나 친구들과 부딪혀서 멍들 수 있지? 분자들도 빠르게 날아다니면서 많이 부딪히면 뭔가 반응이 일어날 확률이 아주 높아져.

높은 온도에서는 에너지를 많이 가진 분자들이 서로 많이 부딪히니까 화학 반응이 일어날 가능성도 커져. 반응이 잘 일어난다고 다 좋은 것은 아니야. 만들고 싶은 화합물은 하나인데 온도가 너무 높아서 여러 가지 종류의 화합물이 마구잡이로 생길 수도 있으니까. 그래서 원하는 화합물만 많이 만들어지는 조건을 찾는 것이 화학자의 중요한 일이지.

다시 본론으로 돌아갈까? 경유 엔진 안에서 질소 산화물이 생기는 이유는 질소 분자와 산소 분자가 열 받아서 그래. 열 받아서 정신없이 서로 부딪히다 보니 새로운 물질인 질소 산화물이 생겼어. 함부로 분자를 열 받게 하면 안 돼.

만약 어떤 반응이 일어날 때, 반응이 너무 빨라서 위험하다고 느끼면 어떻게 해야 할까? 빙고! 온도를 낮추면 돼. 뜨거운 국을 바로 먹지 않고 식혀서 먹는 것도 똑같은 원리지. 음식물을 삼킬 때 지나가는 길인 식도에 있는 세포는 여러 화합물로 이루어져 있어. 뜨거운 음식을 먹으면 이 화합물들이 열 받아서 구조가 바뀔 수 있겠지? 식도가 상하게 되는 거야.

그래서 뜨거운 음식을 먹는 건 용감한 게 아니라 건강하지 않은 습관이야! 뜨거운 음식은 잘 식혀서 먹자. 아빠와 엄마에게도 설명드리기!

한 줄 정리

높은 온도에서는 분자의 운동성이 커지면서 화학 반응이 일어날 가능성이 커진다.

과학 문해력

- **상온**(常항상 상, 溫온도 온): 일정하게 따뜻한 정도, 즉 가열하거나 냉각하지 않은 자연 그대로의 기온.
- **산화물**(酸신맛 산, 化변할 화, 物물건 물): 산소와 다른 원소가 결합하여 생기는 화합물을 통틀어 이르는 말.

탐구왕 과학퀴즈

경유자동차에 사용되는 경유는 높은 온도에서는 □□와 산소가 반응하여 질소산화물을 만들어낸다. (힌트: 원소기호 N)

70 불타는 휘발유에서는 무슨 일이 벌어질까?

키워드 화학 반응과 산화물

휘발유는 탄소 원자(C)들과 수소 원자(H)들로만 이루어져 있어. 휘발유의 분자 구조를 잘 들여다보면 탄소 원자와 탄소 원자가 손에 손을 잡고 줄지어 서 있어. 그리고 탄소 원자마다 수소 원자가 몇 개씩 붙어 있지.

탄소 원자와 수소 원자는 전자를 원하는 정도가 크게 차이 나

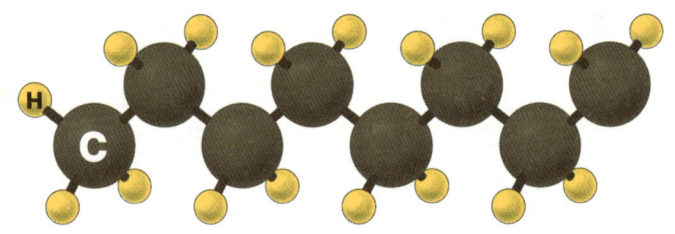

휘발유의 분자 구조

지 않아. 원자 강아지들이 전자라는 밥그릇을 가운데 놓고 적당히 평화를 유지하면서 크게 으르렁거리지 않고 잘 지내는 거지.

여기에 갑자기 산소가 나타나면 이 평화는 깨지고 말아. 산소 원자(O)들은 탄소 원자와 탄소 원자 사이의 화학 결합에 끼어들고, 탄소 원자와 수소 원자 사이의 화학 결합에도 끼어들어.

결국 탄소 원자 하나에 산소 원자 2개가 붙은 이산화탄소 분자(CO_2)를 만들고, 산소 원자 하나에 수소 원자 2개가 붙은 물 분자(H_2O)도 만들지. 그 과정에서 열도 나고 불꽃도 보여.

불쌍한 탄소 원자와 수소 원자는 자기에게 있는 전자 구름을 산소에게 많이 뺏겨 버리게 되었어. 휘발유가 타는 과정은 산소 원자들이 탄소-탄소(C-C) 사이를 훼방 놓고 탄소-수소(C-H) 사이를 훼방 놓으면서 전자 구름을 빼앗아 가는 과정이야. 원자들

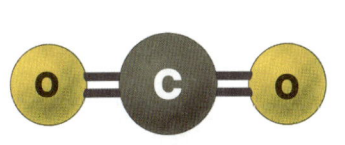

이산화탄소(CO_2) 분자 구조

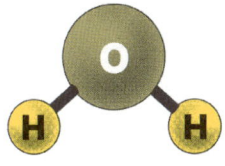

물(H_2O) 분자 구조

의 세계는 진정한 약육강식이야. 힘센 자가 다 가지는 불공평한 세상이지.

오늘도 자동차의 엔진에서 불타고 있는 휘발유 속 탄소 원자와 수소 원자가 부르짖고 있어.

"아~ 산소만 전자를 다 가지는 불공평한 세상!"

휘발유는 산소를 만나 연소하면서 이산화탄소와 물을 만들어낸다.

이산화탄소는 □□ 1개와 산소 2개로 만들어진다.
(힌트: 원소기호 C)

6 단원

분자의 성질과 화학 구조

● ● ●

과학 교과 연계
초 3-2, 4-1, 5-1, 6-2
중 1, 중 2

71. 화학 구조에서 작대기는 무슨 뜻?

키워드 화학 구조와 공유 결합

수소 원자의 가운데에는 양성자 1개가 있고 그 주위를 전자 1개가 돌고 있어. 아주 평온한 상태야.

그런데 수소 원자 2개가 서로 가까이 가면 재미있는 일이 벌어져. 양전하를 띠는 양성자들끼리 가까이 있으면 서로 밀쳐내고 말 텐데 2개의 수소 원자는 적당한 거리를 두고 계속 가까이 있을 수 있어. 어떻게 가능할까?

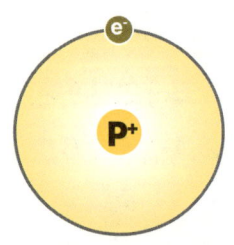

수소의 원자 구조

2개의 양성자 사이에 각각의 수소 원자가 내어놓은 전자 2개가 끼어 있어. 전자와 양성자는 서로 잡아당기니까 2개의 전자가 접착제 같은 역할을 해서 양쪽의 양성자를 멀리 가지 못하도록 잡아 놓는 셈이야.

2개의 전자가 원자와 원자를 서로 연결하고 결합한다고 해서 2개의 원자 사이에 작대기를 하나 그어. H-H 이렇게. 그래서 이 작대기 하나는 전자 2개라는 표시야. 이를 '공유 결합'이라고 불러. 원자 2개가 전자 2개를 공유하고 있잖아.

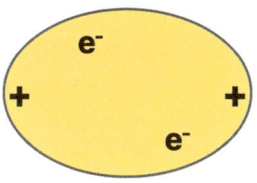

수소 분자(H_2)의 전자 2개가 양성자 2개를 붙잡아서 멀리 못 가.

오른쪽 그림도 볼까? 탄소 원자(C)와 탄소 원자(C) 사이에 작대기가 2개 그어져 있네? 무슨 뜻일까? 탄소 원자와 탄소 원자 사이에 전자가 4개 있다는 거야. 각 탄소 원자는 2개의 C-H 결합도 가지고 있어. C와 H 사이에는 전자가 2개 있지.

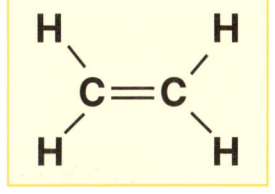

이제 분자 구조를 이해하는 것도 쉽지?

이건 엄마가 머리 아플 때 먹는 약인 타이레놀의 구조야. 육각형이 보이지? 그래서 육각형을 잘 그리면 화학을 잘 한다는 우스갯소리도 있어.

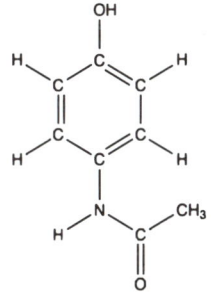

타이레놀의 화학 구조

한 줄 정리

화학 구조식에서 전자 2개의 공유 결합은 작대기 하나, 전자 4개의 공유 결합은 작대기 2개로 표시한다.

과학 문해력

- **공유 결합**(共함께 공, 有있을 유, 結맺을 결, 合합할 합): 원자 2개가 서로 전자를 내놓고 그것을 맞잡는 것.

탐구왕 과학퀴즈

화학 구조식에서 작대기 '하나'는 원자 2개가 전자 □개를 공유하고 있다는 표시다.

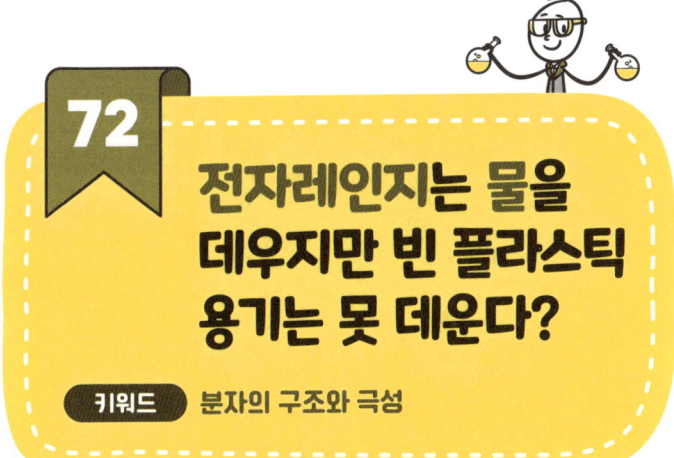

72. 전자레인지는 물을 데우지만 빈 플라스틱 용기는 못 데운다?

키워드 분자의 구조와 극성

물 분자(H_2O) 하나는 아주 작아서 우리 눈으로 그 생김새를 볼 수 없지만, 화학자들은 물 분자가 직선이 아닌 굽어진 형태로 존재한다는 것을 밝혀냈어.

욕심 많은 산소 원자(O)가 전자를 좋아한다고 했지? 처음에는 산소(O)도 전자 1개를 내어놓고 수소(H)도 전자 1개를 내어놓아 서로 사이좋게 나누어 쓰자고 말하고는, 산소가 전자 2개의 밥그릇을 슬쩍 자기 쪽으로 더 당겨와.

산소 원자 곁에는 전자 구름이 잔뜩 껴서 원자의 중심에 있는 양성자가 잘 안 보이는데, 수소 원자에는 전자 구름이 산소 쪽

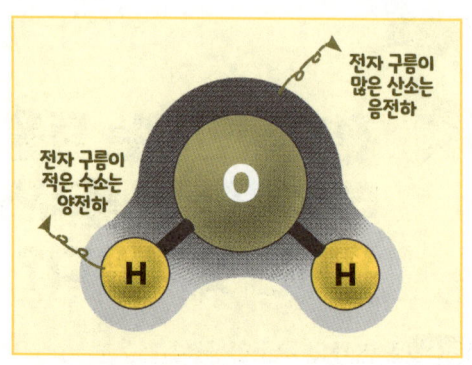

물 분자는 양전하와 음전하가 나뉜다.

에 몰리니까 양성자가 언뜻언뜻 잘 비치게 되지. 그래서 산소는 전자의 음(-)전하를, 수소는 양성자의 양(+)전하를 띠게 돼.

위의 그림처럼 물의 구조를 잘 보면 전체적으로 음의 성질과 양의 성질이 나뉘어 있어. 이런 물을 전자레인지에 돌리면, 전자레인지의 교류전기장이 물 분자의 위아래를 계속 바꾸어 버려. 오른쪽 페이지의 그림처럼 말이야.

이렇게 정신없이 계속 뒤집히면 물 분자가 화가 날까, 안 날까? 화가 엄청 나서 얼굴이 시뻘개지겠지. 열이 엄청 나. 그래서 물이 뜨거워지다 못해 마침내 끓게 되는 거야.

전자레인지용으로 쓸 수 있는 PE(폴리에틸렌), PP(폴리프로필렌)

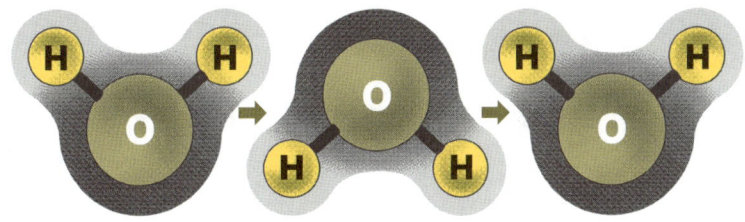

전자레인지 안에서 위아래가 계속 뒤집히는 물 분자

와 같은 플라스틱 용기는 주로 탄소 원자(C)와 수소 원자(H)로 만들어. 탄소 원자와 수소 원자 사이에서는 양전하와 음전하가 나뉘지 않아. 분자 크기도 아주 커서 물 분자처럼 뱅글뱅글 돌지도 못해. 그래서 빈 용기만 돌리면 열이 안 나는 거야.

앞으로 전자레인지를 사용할 때마다 아래위로 뱅글뱅글 돌려서 화가 난 물 분자를 생각해 봐. 좀 웃기지? 얼굴이 빨개진 물 분자라니!

아, 그렇다고 진짜로 물 색깔이 빨갛게 되는 것은 아니야. 그렇게 상상해 보라는 거니까 착각하지 않기!

한 줄 정리

물은 분자 내에 양전하와 음전하가 나뉘는 극성 분자다.

과학 문해력

- **극성**(極멀 극, 性성질 성): 멀리 있는 성질, 즉 전하의 분리가 있는 분자의 성질.

탐구왕 과학퀴즈

물 분자에서 산소는 (① 양전하, ② 음전하)를, 수소는 (③ 양전하, ④ 음전하)를 띤다.

73 기름과 물은 친해질 수 있을까?

키워드 분자의 구조와 특성

    기름 분자는 아래 그림처럼 길게 연결된 구조로 되어 있어. 기름 분자에 있는 전자들은 쉬지 않고 출렁거려. 그래서 분자 내의 양전하와 음전하 위치도 계속 바뀌어.

    물 분자의 수소 부분은 양전하를 띠니까 기름 분자의 음전하 부분에 가까이 다가갈 수 있지. 그런데 갑자기 기름 분자의

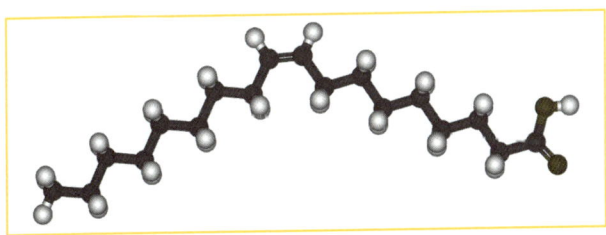

기름 분자는 물 분자보다 훨씬 길고 무겁다.

음전하 부분이 양전하로 바뀌는 거야. 양전하 부분은 음전하로 바뀌고. 그러면 물 분자는 양전하를 띠는 수소 원자를 내밀며 기름 분자의 음전하 부분에 가까이 다가가다가 깜짝 놀라서 "뭐야! 양전하 싫어!" 하면서 도망가겠지?

친구 중에서 성격이 너무 변덕스러운 친구는 가까이 지내기가 좀 불편하지 않아? 조금 전에는 기분 좋다고 웃다가, 갑자기 뭐가 마음에 안 든다며 성질을 부리더니, 또 갑자기 친한 척하면 '얘는 대체 왜 이럴까?' 싶어. 이런 친구와 친하게 지내기란 정말 어렵지.

물 분자와 기름 분자는 성격이 너무 안 맞아. 기름 분자의 변덕이 심해서 도저히 친하게 지낼 수가 없어. 그래서 물과 기름은 섞이지 않지.

이렇게 서로 친하지 않은 기름 분자와 물 분자도 섞이게 할 방법이 있어. 사슴, 들소와 같은 초식 동물은 사자, 표범, 하이에나와 같은 맹수들이 가까이 오는 것을 정말 두려워해. 맹수들은 기회만 되면 덤벼들어서 초식 동물들을 잡아먹어 버리니까 말이야. 그런데 만약 아프리카 초원에 들불이 나면 상황은 바뀌어. 사자와 사슴, 표범, 하이에나, 코끼리 할 것 없이 다 불을 피해서 도망가. 이때는 맹수고 초식 동물이고 상관없이 막 섞이고 뭉쳐서 도망가지.

물과 기름을 섞이게 하는 방법이 떠올랐어? 그래! 물과 기름을 밀폐된 용기에 같이 넣고 아주 높은 온도로 가열하면 돼. 아주 높은 온도에서는 물이든 기름이든 간에 "앗 뜨거워, 뜨거워!" 그러면서 섞일 수 있어. 물론 온도가 내려가면 또 서로서로 분리되지만 말이야.

그리고 보면 성격이 서로 맞지 않는 친구들이 친하게 지내기란 참 어려운 일이야.

상온에서 기름과 물은 섞이지 않는다.

물과 기름을 섞이게 하려면 온도를 (① 높인다, ② 낮춘다).

74 색 탐정 크로마토그래피

키워드 분자를 분리하는 방법

   종이에 사인펜으로 점을 찍고 종이 아랫부분을 물에 담그면 물이 종이를 적시면서 계속 올라가지. 종이는 나무로 만들고, 나무에는 셀룰로오스라는 성분이 많이 담겨 있어.

   셀룰로오스의 분자 구조에는 OH가 많아. 셀룰로오스의 OH에 있는 O는 물의 H를, 셀룰로오스의 H는 물의 O를 끌어당겨. 이렇게 셀룰로오스랑 물이 친하니까, 종이를 물에 담그면 물이 종이를 타고 올라가는 거야. 이때 물이 사인펜 각각의 색에 숨어 있는 분자들을 녹여서 함께 종이를 타고 올라가.

   사인펜에는 여러 가지 색이 있잖아. 그런데 하나로 보이는 색에도 사실 여러 가지 색 분자들이 섞여 있기도 해. 이 여러 가지

색 분자들이 물을 타고 가다가 셀룰로오스에 닿으면 그 자리에 붙어 있을지, 아니면 물이 더 좋으니까 물을 따라 종이 위로 더 올라갈지 정하게 돼. 만약 물에 녹아 움직이는 것을 더 좋아하는 분자는 종이 윗부분까지 빨리 올라갈 거야. 만약 셀룰로오스에 붙어 있는 것을 더 좋아하는 분자는 천천히 기어오르겠지?

분자마다 서로 구조가 다르고 크기도 달라서 성질이 달라. 이런 차이점을 이용하면 다양한 분자들을 섞은 혼합체가 있어도 어떤 분자가 있는지 분리할 수 있어. 이러한 실험 방법을 '크로마토그래피'라고 한단다. 나뭇잎의 초록색 성분을 녹여 내서 크로마토그래피를 해 보면 깜짝 놀라. '이렇게 많은 종류의 분자들이 숨어 있다니?'라고 하면서 말이야.

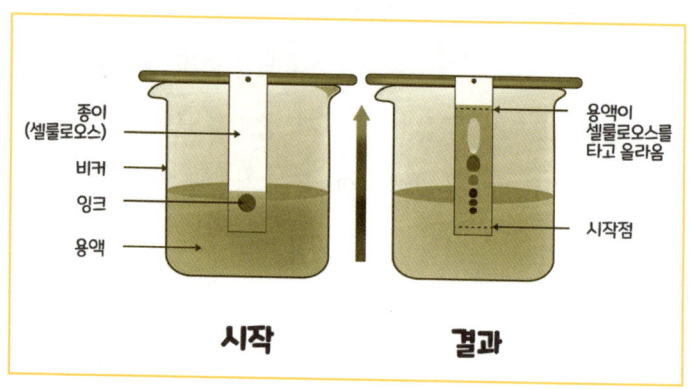

크로마토그래피 실험

크로마토그래피(chromatography)는 '색'이라는 뜻을 지닌 'chroma'와 '쓰다, 적다'라는 뜻의 'graphein'이 합쳐져서 만들어진 단어야. 화학에서 가장 중요한 실험 방법 중 하나지. 크로마토그래피에서는 물을 이용해서 분자들을 분리하기도 하고, 다양한 용매를 조합해서 분자들을 분리하기도 해. 분리하고 싶은 분자의 성질을 파악하고 어떤 용매를 이용할 것인가를 화학자 스스로 정해야 하지.

크로마토그래피가 있어서 화학자들은 수많은 분자를 분리하고 그 성질을 연구할 수 있어. 고마운 크로마토그래피!

크로마토그래피를 이용해 분자의 구조와 성질에 따라 여러 종류의 분자를 분리할 수 있다.

크로마토그래피 실험은 혼합물에서 (① 분자, ② 물)을(를) 분리할 때 이용한다.

75 원자와 분자의 질량은 어떻게 잴까?

키워드 원자와 분자의 질량

　물리학에는 '로런츠 힘의 법칙'이라는 것이 있어. 오른손을 오른쪽 페이지의 그림과 같이 쫙 펴면 엄지손가락과 나머지 네 손가락은 직각을 이루게 돼. 엄지손가락이 가리키는 방향은 전류가 흘러가는 방향이고, 4개의 손가락이 가리키는 방향으로 N극에서 S극으로의 자기장이 있다고 하면, 손바닥에서 장풍이 쏘아지는 방향으로 힘이 생긴다는 거야. 이 힘이 전류가 흐르는 도선을 미는 거야.

　이 법칙이 발견될 당시만 해도 음전하를 가지는 전자의 존재를 몰랐어. 양전하가 움직이는 방향이 전류의 방향이라고 정한 거지.

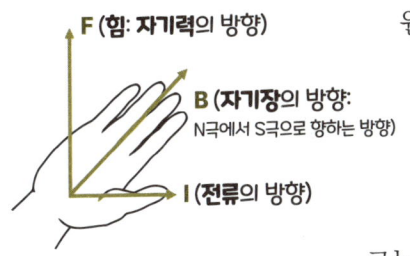

로런츠 힘의 법칙

원자나 분자는 아주 작지만, 질량을 잴 수 있는 저울이 있어. 이 저울은 '질량분석기'라고 부르는데, '로런츠의 힘의 법칙'을 이용하여 원자나 분자의 질량을 잴 수 있어. 네온(Ne) 원소의 질량을 어떻게 재는지 한번 알아볼까?

원자는 양성자와 전자 수가 같고, 양성자 수에 따라 이름이 정해진다고 했지? 네온 원자핵에 중성자가 각각 10개, 11개, 12개 있어도 이름은 모두 '네온'이야.

이렇게 이름은 같은데 중성자 수가 달라서 질량이 다른 원소들을 '동위원소'라고 해. 중성자 수가 많을수록 더 무겁겠지. 각 원소의 질량뿐 아니라 이러한 쌍둥이 원자의 질량을 확인하는 저울이 바로 '질량분석기'야.

먼저 네온 원자를 주입 후 전자총으로 아주 세게 때려. 그러면 네온 원자는 전자를 하나 잃고 Ne^+ 양이온이 되어서 날아가게 돼.

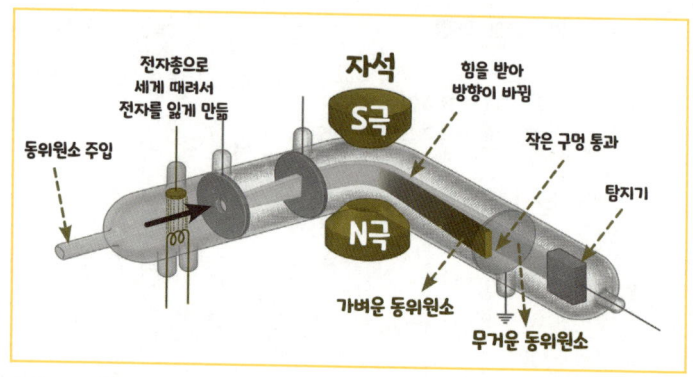

동위원소 질량분석기의 기본 구조

양이온이 가는 방향이 전류의 방향이잖아? 이제 그 방향에 맞추어 엄지손가락을 펴봐. 그리고 자석의 N극에서 S극 쪽으로 나머지 네 손가락을 펴. 그러면 손바닥이 너를 향해 펴져 있을 거야. 양이온들이 힘을 받아 네 몸 쪽으로 움직일 거야. 마치 장풍이 쏟아지는 것처럼 말이야.

그런데 똑같은 힘을 주었을 때 가벼운 애가 가는 길은 많이 꺾이고 무거운 애는 덜 꺾여. 이런 식으로 양이온이 가는 길이 어느 정도 꺾이는지를 측정하여 원자의 질량을 알 수 있어. 분자도 똑같은 방법으로 질량을 측정해.

물리 법칙이 화합물의 분자량을 알게 하는 데 큰 도움을 주었네. 학문들은 모두 연결되어 있어. 물리, 화학, 생물 중에 하나만 좋아하지 않고 다양한 분야에 골고루 관심을 가지면 세상을 더 잘 이해할 수 있겠지?

질량분석기를 이용하여 원자 또는 분자의 질량을 알 수 있다.

- **동위원소**(同같을 동, 位자리 위, 元처음 원, 素성질 소): 주기율표에서 같은 위치에 있는 원소, 즉 같은 원자 번호를 가지고 있는 원소. 같은 양성자 수를 가지고 있어서 원자 번호는 동일하지만, 중성자 수에 따라 질량이 달라진다.

□□□□□는 원자나 분자의 질량을 잴 수 있는 저울이다.

76 같은 재료 다른 모양, 트랜스와 시스

키워드 분자의 구조와 성질

'트랜스 지방은 몸에 안 좋다'라는 말을 많이 들었을 거야. 트랜스가 뭔데 그러는 걸까?

탄소 원자가 다른 탄소 원자와 결합할 때 서로 전자를 하나씩 내놓으면서 결합할 수 있어. 총 전자 2개가 쓰였으니 탄소 원자들 사이에는 작대기 하나만 그어야겠지? C-C 이렇게.

이번에는 서로 양손을 내밀어서 맞잡는다고 생각해 보자. 탄소 원자 하나당 전자를 2개씩 내놓으니까 탄소 원자들 사이에는 총 4개의 전자가 있어. 그러면 원자들 사이에 작대기를 2개 그어야겠지? C=C 이렇게.

양손을 맞잡은 다음에 손을 떼지 않고 한 사람은 서 있고 다른 사람이 옆으로 공중제비를 돈다고 생각해 봐. 팔이 부러지겠다. 그치? 그래서 탄소 원자들 사이에 작대기 2개가 있으면 탄소 원자 하나가 옆으로 뱅그르르 도는 것이 어려워.

'트랜스(trans)'라는 단어는 '서로 반대쪽의'라는 뜻을 가져. 'trans'의 반대는 '같은 쪽에 있는'이라는 뜻의 '시스(cis)'야. 올리브기름에는 시스 지방산이 많이 들어 있어.

아래의 그림을 보자. 화학 구조 한가운데에 보면 작대기 2개가 있는 부분이 나오지? 이걸 '탄소-탄소 이중결합'이라고 불러. 그 부분을 중심으로 지그재그 선들이 한쪽에 다 모여 있으면 '시스', 서로 반대쪽에 있으면 '트랜스'야.

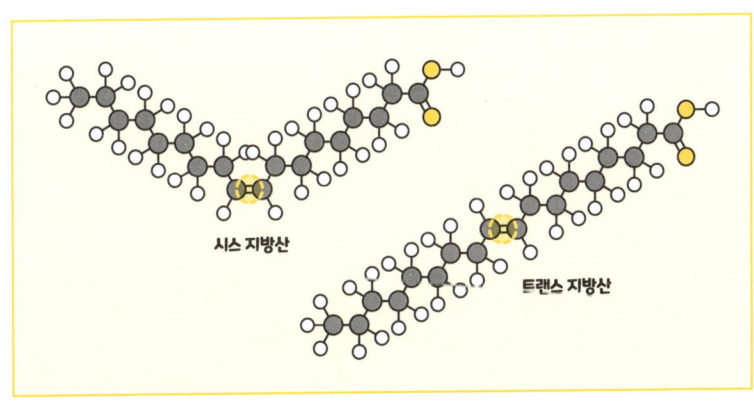

시스 지방산과 트랜스 지방산

화학 구조에서 보면 꺾인 부분 외에는 모양이 같지? 트랜스나 시스 구조에 들어 있는 탄소 원자, 수소 원자, 산소 원자의 개수는 똑같거든. 단지 이중결합을 중심으로 지그재그 선들이 어디에 있느냐의 차이밖에 없어. 이런 것을 '이성질체'라고 해. 화학 구조식은 똑같지만, 서로 다른 구조 때문에 성질도 달라진다고 해서 '다를 이(異)' 자를 붙여 '이성질체'라고 하는 거지.

트랜스 지방은 기다란 막대기 모양이라서 서로 차곡차곡 잘 쌓일 수 있어. 시스 지방은 꺾여 있어서 잘 쌓이지 못하고. 그래서 트랜스 지방은 혈관벽에 잘 쌓일 수 있지. 트랜스 지방으로 혈관이 좁아졌으니 혈액을 잘 돌게 만들려면 심장은 더 세게 뛰어야 해. 그래서 혈압은 더 높아지겠지? 혈압이 올라가면 심장병, 뇌졸중이 일어날 가능성이 매우 높아져.

어떤 구조가 시스이고 트랜스인지 이제 알았지? 과자 성분표에 트랜스 지방이 몇 퍼센트 있는지 꼭 확인해 보고, 트랜스 지방이 있는 과자는 되도록이면 먹지 않기~!

한 줄 정리

화학식은 같아도 구조가 다르면 성질도 달라진다.

과학 문해력

- **이성질체**(異다를 이, 性성질 성, 質바탕 질, 體물질 체): 분자식은 같으나 분자 안 원자의 연결 방식이나 공간 배열이 동일하지 않은 화합물.

탐구왕 과학퀴즈

□□□ 지방은 시스 지방보다 혈관벽에 더 잘 쌓인다.

77 거울에 비친 손은 모양이 같지만 달라

키워드 분자의 구조와 성질

거울에 왼손을 가져다 대 봐. 손이 두 개로 보이지? 거울 속에 비치는 손은 마치 오른손처럼 보일 거야. 그런데 왼손을 어떻게 돌려도 오른손이 되지 않아. 오른손과 왼손은 절대로 포개어지지 않아. 서로 다른 구조를 가졌기 때문이지.

분자의 세계에서도 같은 일이 벌어진단다. 왼쪽 분자를 거울에 비추면 오른쪽 분자처럼 보여. 그런데 오른쪽 분자를 아무리 돌려도 왼쪽 분자를 만들 수는 없어.

이런 분자들을 '거울상 이성질체'라고 해. 녹는점, 끓는점 등의 성질은 모두 똑같아. 하지만 오른손, 왼손처럼 하는 일이 완전히 다를 수 있어. 오른손에 왼손 장갑을 끼면 이상하지?

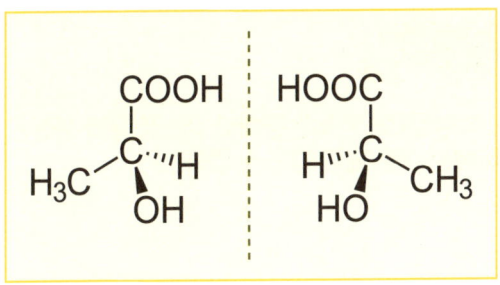

거울상을 가지는 두 화학식

오른손에는 오른손 장갑을 껴야 하고 왼손에는 왼손 장갑을 껴야 해.

같은 원리로 우리 몸의 많은 분자가 거울상 이성질체에 다르게 반응할 수 있어. 그래서 오른손 분자가 내 몸에 약이 되더라도 왼손 분자는 독이 될 수 있지. 아주 예전에 입덧으로 고생하는 임산부들에게 도움을 주기 위해 만들어진 탈리도마이드라는 약이 있었는데, 이 약에는 오른손 분자, 왼손 분자가 섞여 있었어. 그런데 분자 중 하나가 그만 아이들의 발달에 악영향을 끼쳐서 기형아를 출산하게 만든 일이 생겼지.

거울상 이성질체 중에 약이 되는 분자만 잘 분리해서 사용하는 것이 참 중요하겠지?

한 줄 정리

거울상 이성질체들은 녹는점이나 끓는점 등의 성질은 같지만, 생체 내에서 하는 일은 다를 수 있다.

과학 문해력

- 거울상: 거울에 비친 물체의 모습.

탐구왕 과학퀴즈

서로 다른 두 분자가 거울상을 가지는 경우를 거울상 □□□□라고 한다.

78 우주선은 왜 별똥별처럼 불타지 않아?

키워드 분자의 성질

　우주로부터 작은 돌덩이가 지구 대기권으로 들어오면, 엄청난 속도로 움직이면서 대기권에 있는 기체 분자들과 충돌해 뜨거워져. 대부분 지구 표면에 도착하기 전에 다 타버릴 정도지. 이걸 별똥별 또는 유성이라고 불러.

　우주선도 우주에서 일을 마치고 지구로 돌아올 때 별똥별과 마찬가지로 대기권을 통과해야 해. 그런데 왜 우주선은 별똥별처럼 타지 않을까? 어떤 비밀이 숨겨져 있을까?

　진공이나 공기는 열을 잘 전달하지 않아. 오리털 파카를 떠올려 봐. 오리털이 머금고 있는 기체 분자들 때문에 우리는 한겨울을 따뜻하게 날 수 있지.

바다에 있는 모래와 똑같은 이산화규소(SiO_2) 성분이지만 공기를 아주 많이 머금고 있는 신기한 물질이 하나 있어. 과학자들이 만든 '에어로젤'(aerogel, '에어로젤'이라고도 읽어)이라는 물질이야. 이 물질이 차지하는 부피 대부분은 공기이고, 아주 일부만 모래 성분으로 이루어져 있어. 공기는 열을 잘 전달하지 않아. 그러니까 이런 물질을 타일 형태로 만들어서 우주선 표면에 붙여 놓으면 아무리 바깥이 뜨거워도 우주선의 내부까지 높은 열이 전달되지 않겠지?

에어로젤이 없었다면 인간이 우주를 개척하는 것은 불가능했을 거야. 인간은 새로운 물질을 계속 만들면서 미래로 전진하는 중이야.

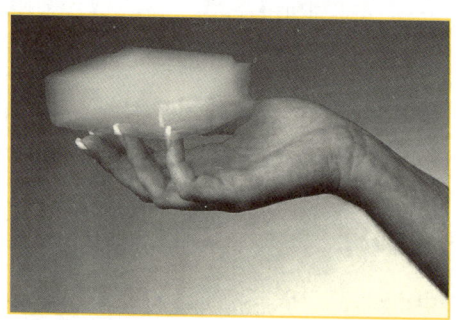

에어로젤

한 줄 정리

기체 분자는 열을 전달하는 정도가 낮다.

과학 문해력

- 열전도율(熱열 열, 傳전할 전, 導인도할 도, 率비율 율): 열을 전달하는 정도.

탐구왕 과학퀴즈

에어로젤은 공기를 (① 많이, ② 적게) 머금고 있어 열전도율이 (③ 높다, ④ 낮다).

7 단원

생명의 화학

●●●
과학 교과 연계
초 6-1, 6-2
중 2, 중 3

79 태양을 먹고 산다고?

키워드 태양 에너지

눈썰매장 가 봤어? 엄청 추운 겨울이어도, 씽씽 미끄러지는 눈썰매는 겨울방학을 기다리게 만들잖아. 태양에서 오는 빛을 많이 받으면 따뜻하고 적게 받으면 추워져. 겨울에는 태양의 빛을 적게 받아서 춥고 여름에는 많이 받아서 덥지.

추운 겨울이 가고 봄이 오면 땅에서 새싹이 올라와. 여름이면 나무들이 무럭무럭 자라서 산과 들이 푸르게 변하고. 가을은 여름보다 온도가 낮아지니까 식물들이 시들시들해지다가 추운 겨울이 오면 나뭇잎은 떨어지고 땅의 풀들은 거의 다 사라지고 보이지 않아.

만약 태양이 갑자기 사라지면 어떤 일이 생길까? 일단 너무 너무 추울 거야. 태양이 없으니 낮도 없어서 늘 캄캄한 밤이야. 다시는 봄이 오지 않으니 새싹도 자라지 않을 것이고, 식물이 자라지 않으니 열매도 열리지 않아. 풀을 먹고 사는 소가 더는 살 수 없고, 밥과 고기를 먹고 사는 우리도 더는 살 수 없게 되겠네. 결국 지구 위에는 아무것도 살 수 없게 될 거야. 무섭지?

걱정하지 마. 태양은 아주 오래오래 그대로 있을 테니까. 뜨거운 태양은 우리에게 늘 따뜻함을 전해 줄 거야. 햇빛의 따뜻함을 '에너지'라고 해. 빛도 에너지고 따뜻한 열기도 에너지야. 식물은 줄기와 이파리, 열매에 태양으로부터 받은 에너지를 셀룰로오스, 녹말과 같은 화합물의 화학 결합 속에 저장하면서 무럭무럭 자라. 초식 동물들은 식물을 먹으면서 식물 속에 담긴 화합물들을 가져와서 자신의 몸에 채워. 화합물 속에 있는 화학 결합에 에너지가 숨어 있으니 식물의 에너지를 자신의 몸에 채우는 셈이야. 고기만 먹는 육식 동물도 다른 동물의 몸에 채워진 에너지를 가져와서 자기 몸에 채우는 거지.

에너지를 가지고 무엇을 하냐고? 몸에서 열을 내고, 심장이 뛰게 하고, 달리고, 던지고, 무거운 것을 들며 일할 수 있지. 움직이고 열을 내는 것은 모두 에너지가 있어야 가능해.

신나게 놀다가 힘이 빠지면 어떻게 해? 그래. 밥을 먹으면 되지. 우리 몸을 자동차라고 생각해 봐. 차에 기름이 떨어지면 주유소에서 기름을 넣잖아? 마찬가지야. 우리 몸은 밥을 먹어서 에너지를 만들고, 찌꺼기를 응가로 내보내고, 그 에너지를 다 쓰면 또 밥을 먹어서 채워.

밥을 잘 안 먹으면 잘 놀지도 못한다는 사실, 이제 알겠지? 신나게 놀아야 하니까 앞으로 밥을 더 잘 먹겠다고? 아주 좋은 생각이야. 내일 신나게 놀려면 잘 자는 것도 중요해! 잘 먹고, 잘 자기! 오케이?

한 줄 정리

지구에 사는 많은 생명체는 태양으로부터 에너지를 받아 살아간다.

과학 문해력

- 에너지: 일할 수 있게 만드는 힘, 능력. 물리학의 '열역학 법칙'에서 에너지는 일과 열이 합쳐진 것이다.

탐구왕 과학퀴즈

우리는 음식에 있는 □□□를 이용하여 살아간다.

80 내 몸의 메신저, 호르몬

키워드 호르몬과 신체 작용

운동장이나 놀이터에서 아이들이 뛰놀고 있어. 운동장에 수업 시작을 알리는 종소리가 울렸지만 아이들은 노느라고 못 듣네? 선생님이 주변에 있는 아이들 몇 명을 불러서 말씀하셔.

"얘들아. 저기 가서 우리 반 친구들에게 이제 수업 시작하니 교실로 들어오라고 전해 줘."

선생님의 부탁을 받은 아이들은 이곳저곳을 뛰어다니면서 친구들에게 수업 시작을 알릴 거야. 그제야 아이들은 "더 놀고 싶은데" 하면서도 툭툭 털고 교실로 가겠지?

소식을 전하러 다니는 사람을 '전령'이라고 해. 영어로는 'messenger(메신저)'. 우리 몸에도 이렇게 소식이나 명령을 전하는 애들이 있어. '호르몬'이라는 아주 작은 분자들이야. 분자가 뭐였지? 맨눈에는 안 보이는 엄청 작은, 원자들로 이루어진 아이들.

호르몬에는 여러 가지 종류가 있어. 인슐린도 있고, 남성호르몬, 여성호르몬, 갑상선호르몬 등도 있는데 생긴 모습이 다르고, 하는 일도 달라. 인슐린이라는 호르몬은 세포에게 말해.

"세포야! 에너지 필요하지? 얼른 포도당 먹어."

갑상선호르몬은 세포에게 말해.

"체온을 좀 올려야겠는데?"

씩씩한 우리 친구들은 아직 수염이 나지 않았지만, 좀 더 시간이 지나면 남성호르몬이 세포에게 시킬 거야.

"이제 아빠처럼 수염이 나오게 해 봐."

까끌까끌한 수염이 싫다고? 어쩌나. 때가 되면 우리 몸의 호르몬이 그렇게 시킬 텐데. 응? 여자 친구들이 아빠처럼 수염이 나면 어떻게 하냐고? 하하. 걱정 마. 여자 친구들은 여성호르몬이 세포에게 이렇게 시킬 거야.

"엄마처럼 가슴도 나오고 배란도 시작하게 해."

호르몬은 이와 같이 우리가 정상적으로 잘 자랄 수 있도록 해

주는 참 고마운 존재야. 잘 먹고 잘 운동해서 호르몬이 적당하게 잘 분비되게 우리도 우리 몸을 도와줘야겠지? 너무 단것을 찾고 인스턴트 음식만 좋아하면 호르몬의 분비에 문제가 생길 수 있으니 이런 음식들은 잘 피해 다녀야 해.

한 줄 정리

호르몬은 몸이 정상적인 상태를 유지하도록 도와준다.

과학 문해력

- 배란(排밀어낼 배, 卵알 란): 성숙한 여성의 난소에서 난자가 나오는 현상.
- 세포(細작을 세, 胞세포 포): 생물의 몸을 이루는 가장 기본적인 단위.

탐구왕 과학퀴즈

□□□은 혈액과 함께 몸속 구석구석을 돌아다니며 필요한 곳에 신호를 전달한다.

81 내 몸속 나무꾼, 효소

키워드 효소와 소화

"영차!" 하면서 도끼로 통나무를 내리치면 반으로 쪼개져. 우리 몸에도 도끼를 든 나무꾼과 같은 분자들이 있어. 바로 '분해 효소'야. 큰 분자를 쪼개어 더 작은 분자들로 만들어 버리지.

우리가 밥을 먹으면 쌀에 들어 있는 녹말이라는 탄수화물 분자를 먹게 돼. 탄수화물은 입에 들어가는 순간 '아밀레이스' (amylase, '아밀라아제'라고도 해)라는 효소를 만나.

아밀레이스는 나무꾼처럼 "영차" 하면서 탄수화물을 잘라 포도당이 2개씩 붙어 있는 분자들로 만들어. 2개씩 짝지어 붙어 있는 포도당 분자를 또 다른 효소가 쪼개서 한 알씩 나뉜 포도당 분자로 만들고, 우리 몸은 이렇게 쪼개진 포도당 분자들을 태워서 만든 에너지로 살아가.

세상에 다양한 직업이 있듯이, 분해 효소에도 여러 종류가 있어. 탄수화물을 쪼개는 효소도 있고, 단백질을 쪼개는 효소도 있어. 효소도 분자야. 우리 몸에는 분자가 엄청 많아. 종류도 많고 양도 많지.

우리가 사는 세상에는 나무꾼만 있는 게 아니라 물건을 만드는 사람도 있지? 그런 것처럼 분자 세계에서도 작은 분자들을 이어 붙여서 새로운 분자를 만드는 효소들이 있어.

나무꾼이 장작을 패는데 갑자기 너무 추워졌어. 나무꾼은 계속 일하고 싶을까? 추워서 오들오들 떨면서 빨리 집에 가고 싶겠지? 장작을 패는데 갑자기 너무 더워졌어. 땀이 뻘뻘 나네? 일하지 않고 시원한 그늘 아래에서 쉬고 싶지 않을까? 효소도 마찬가지야. 온도가 너무 낮거나 높으면 일하기 싫어하고 온도가 적당할 때만 일을 잘해.

밥 먹기 전에 차가운 아이스크림을 많이 먹었던 날, 소화가 잘 되지 않아서 배가 살살 아팠던 경험이 있지 않아? 효소가 너무 추워서 일을 안 해서 그래. 너무 뜨거운 것을 먹어도 효소가 망가져서 일할 수가 없어. 그러니까 너무 차갑거나 뜨거운 것은 많이 먹지 마. 효소 분자들이 몸속에서 활발하게 일할 수 있어야 에너지를 만들고 키도 쑥쑥 자라. 알았지?

한 줄 정리

효소는 단백질 분자로서 생명체 내에서 화학 반응이 빨리 일어나도록 도울 수 있다.

과학 문해력

- **효소**(酵삭힐 효, 素성질 소): 생물체 몸 안에서 일어나는 여러 반응에 참여해 반응 속도를 빠르게 하는 단백질.
- **소화**(消사라질 소, 化변할 화): 먹은 음식물 속의 영양소가 우리 몸에 흡수될 수 있도록 잘게 분해하는 과정.

탐구왕 과학퀴즈

분해□□는 우리가 먹은 음식을 잘게 쪼개어 우리 몸 곳곳의 필요한 곳에 쓰이도록 만든다.

82 뇌의 음식, 포도당

키워드 생명의 에너지원

밥을 꼭꼭 씹어 먹으면 입안의 침에 있는 '아밀레이스'('아밀라아제'라고도 해)라는 효소 나무꾼이 도끼로 녹말이라는 탄수화물을 쪼개기 시작해. 녹말은 포도당이 구슬처럼 꿰어진 모습을 하고 있는데, 아밀레이스 효소에 의해 포도당은 2개씩 짝을 지은 모습으로 잘라져. 이걸 설탕이라고 불러.

이렇게 아밀레이스가 쪼개놓은 설탕 분자들이 마침내 장에 도착하면, '말테이스'(maltase, '말타아제'라고도 해)라는 효소 나무꾼이 "에헴" 하고 나타나서, 새로운 도끼로 2개씩 짝지은 포도당 사이를 떨어뜨려 놔. 말테이스 효소는 포도당 2개가 손을 잡고 있는 꼴을 못 봐. 꼭 훼방을 놓아서 갈라놓지.

이렇게 짝꿍이 없어진 각각의 포도당은 혈관을 타고 우리의 온몸으로 퍼져서 구석구석의 세포에까지 골고루 들어가. 세포는 포도당을 잘 먹어. 세포 안에도 효소 나무꾼들이 있는데 포도당 분자를 산소와 반응시키며 포도당 분자 속에 있는 화학 결합에서 에너지를 쏙쏙 빼내. 그 에너지로 세포들이 일해서 네가 뛰어놀 수 있는 거야.

포도당은 뇌로도 가. 뇌에 있는 세포들은 영양소 중에 포도당만 먹는 편식쟁이야. 포도당을 못 먹으면 "난 배고프면 일 안 해!"라고 해. 그러면 아무리 공부해도 기억을 못 하고 집중하기도 어려워서 시험도 잘 못 봐.

뇌가 포도당을 원한다면 포도당 캔디나 설탕이 잔뜩 들어 있는 탄산음료를 마시면 되는데 왜 귀찮게 밥을 먹냐고? 너는 내일도 하루종일 뛰어놀고 공부도 할 거잖아? 그런데 만약 사탕을 먹은 후 잠깐 동안만 힘이 나다가 갑자기 힘이 쭉 빠져 버리면 어떻게 해? 포도당 캔디나 탄산음료를 먹으

콜라 한 캔에는 7~8개의 각설탕이 들어간다.

면 처음에만 힘이 나는 거야.

　이런 것 대신 건강한 음식을 통해 포도당이 주렁주렁 꿰어진 탄수화물을 잘 먹어 두면 우리 몸에 있는 효소들이 녹말을 천천히 설탕으로 잘라내어 에너지를 조금씩 공급해 주니까 오래도록 기운차게 놀 수 있어.

　다이어트를 위해 샐러드나 단백질 위주의 식사를 하겠다고? 너는 엄마 아빠와 달리 키가 자라고 몸무게가 늘어나는 성장기에 있어. 몸이 쑥쑥 자라야 하는 만큼 세포에게 많은 포도당이 필요한데, 적게 먹고 탄수화물도 부족하게 먹는다면 그만큼 성장에는 빨간불이 들어올 거야. 포도당을 못 먹은 뇌는 집중하기 어려워서 공부는 더 힘들 테고 말이야. 그러니 지금은 다이어트보다 탄수화물, 단백질, 지방을 잘 섭취해서 네 몸에 필요한 영양소를 골고루 주는 것이 중요해.

　탄산음료나 인스턴트 식품을 피하고 건강한 음식을 골고루 잘 먹는 것은 네가 건강하고 똑똑하게 자라는 데 정말 중요해.

한 줄 정리

포도당은 뇌의 작동과 신체 활동을 가능하게 만드는 에너지 공급원이다.

과학 문해력

- **포도당**(葡포도 포, 萄포도 도, 糖탄수화물 당): 당 종류의 하나. 탄수화물이 우리 몸에 흡수되면 효소들의 작용에 의해 포도당으로 쪼개진다.
- **아밀레이스**: 아밀라아제라고도 함. 침샘에서 나오며 탄수화물을 설탕으로 분해하는 효소.
- **말테이스**: 말타아제라고도 함. 장에서 설탕을 포도당으로 분해하는 효소.

탐구왕 과학퀴즈

설탕을 쪼개면 만들어지는 □□□은 사람을 포함한 거의 모든 생물에서 중요한 에너지원으로 쓰인다.

83 유전자는 효소 로봇 설계도

키워드 효소와 유전자

    블록 상자를 사면 수많은 조각이 있어. 아무리 많은 조각이어도 설계도를 따라 차근차근 만들다 보면 어느 순간 커다란 배도 만들어지고 성도 만들어지지? 우리 몸에 있는 효소를 로봇이라고 생각해 봐. 이 로봇에는 여러 종류가 있어. 사람의 직업이 나무꾼, 재단사, 바리스타 등으로 다양하듯이 어떤 효소 로봇은 탄수화물을 자르고, 어떤 효소 로봇은 단백질을 자르고, 어떤 효소 로봇은 인슐린을 만들어내. 각각 생김새도 다르고 손의 크기도 다르고 심지어 손의 모양도 달라. 특정한 분자를 자르거나 만들기에 딱 맞는 손의 모양을 가졌어.

    우리 몸의 각 기관에서 일할 효소를 만들어야 하는데 어떤 재료로 만들까? 바로 아미노산이야. 아미노산은 단백질을 만드는 기본 구성물질이야. 그러니까 효소는 곧 아미노산이 주렁주렁 꿰어진 단백질이라고 할 수 있지.

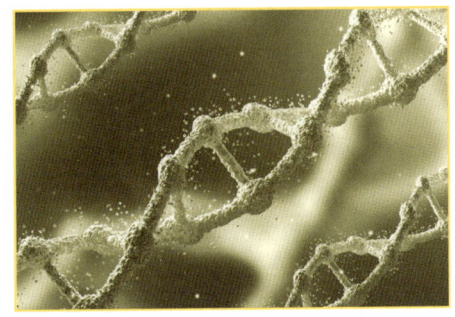
유전자의 모습

아미노산에도 여러 가지 종류가 있어. 실에 여러 가지 아미노산을 순서대로 잘 꿰면 얘네들이 효소 로봇으로 변해. 설계도를 보면서 블록으로 무언가를 만들 수 있듯이, 효소 로봇도 설계도가 있어야 그걸 보면서 만들 수 있어. 효소 로봇을 만들 수 있는 아미노산의 순서가 적힌 설계도는 어디에 있을까?

바로 유전자에 모든 설계도가 있어. 유전자에 단백질을 분해하는 효소 설계도도 있고, 인슐린을 만드는 효소 설계도도 있어.

네가 이렇게 예쁘고 건강한 것도 유전자에 있는 설계도를 따라서 효소 로봇들이 잘 만들어졌기 때문이야. 그렇게 만들어진 효소 로봇들이 몸속에서 많은 일을 척척 잘해 주고 있지.

네 몸속의 설계도인 유전자는 어디에서 왔을까? 엄마와 아빠에게서 유전자를 반씩 받아서 너의 모든 세포 속에 있는 유전자가 만들어졌어. 그 유전자 지도를 이용해서 수많은 효소 로봇을 만들고, 또 수많은 분자를 쪼개고 만들면서 네가 살아가고 있지. 한 생명이 만들어지고 살아가는 과정이 놀랍고 신비하지?

한 줄 정리

유전자는 생명 현상을 유지하는 데 필요한 단백질 효소를 만들어내는 정보를 담고 있다.

과학 문해력

- 아미노산: 단백질을 만드는 기본 구성물질.
- 유전자(遺남길 유, 傳전할 전, 子아들 자): 부모로부터 자식에게 물려지는 특징을 만들어내는 유전 정보의 기본 단위.

탐구왕 과학퀴즈

□□□에는 어떤 효소 로봇을 만들지 계획된 설계도가 담겨 있다.

84 방귀 냄새는 왜 나는 거야?

키워드 미생물과 소화

    우리가 밥을 먹으면 대부분은 소화되어서 영양소로 흡수되지만, 소화되지 못하고 흡수되지 못한 부분들도 생겨. 이것들이 대장으로 가서 결국 응가로 빠져나오게 돼. 대장에 모인 음식물 찌꺼기에는 단백질도 있고 탄수화물도 있어.

    대장에는 수많은 종류의 균들이 살아. 균은 다 나쁜 것이 아니야. 우리 몸이 건강하도록 돕는 균들이 있는데 그중에는 잘 알려진 유산균도 있지. 유산균들은 남아 있는 탄수화물을 먹으면서 이산화탄소라는 기체를 만들어내. 이산화탄소는 냄새가 안 나. 이산화탄소가 많이 들어 있는 방귀는 냄새가 지독하지 않지.

    우리 몸에 유산균이 많다면 대장의 음식물을 잘 분해하면서 냄새도 별로 나지 않게 해줄 거야. 장에 유산균이 많이 살면 다른 균들이 잘 못 살고, 유산균들이 적으면 다른 균들이 잘 살게 돼. 이 유산균은 섬유질에서 잘 사는데, 섬유질은 채소와 과일, 그리고 곡물에 많이 있지.

유산균이 아닌, 대장균 같은 다른 균들은 탄수화물 외에 단백질도 잘 먹어서 황화수소(H_2S), 메테인(CH_4), 수소(H_2)와 같은 기체들을 만들어내. 메테인이나 수소는 냄새가 나지 않지만, 황화수소는 냄새가 아주 별로야. 고기 무한 리필집에 가서 배가 아프도록 먹고 와서 뀌는 방귀는 냄새가 엄청 지독하잖아? 대장에 있는 균들이 단백질 잔치를 한 결과물이지.

놀라운 사실을 하나 알려 줄까? 메테인, 수소, 황화수소는 불을 붙이면 타. 냄새나는 방귀에 불을 붙이면 불이 붙을 거야. 그렇다고 진짜로 라이터를 들고 불을 붙이려고 하면 안 돼. 전에 어떤 사람이 방귀 뀌면서 불을 붙였다가 장 속에 있는 메테인, 수소, 황화수소가 폭발해서 화상을 입은 적이 있으니 말이야.

나물 반찬은 잘 안 먹고 고기만 많이 먹

으면 방귀 냄새는 구리구리할 수밖에 없어. 냄새가 고약하지 않은 방귀를 뀌려면 편식하지 않고 음식을 골고루 잘 먹으면 돼. 햄버거만 좋아하면 방귀 냄새 대마왕이 될 거야.

소화기관에 사는 미생물인 세균들이 우리가 먹은 음식의 찌꺼기를 먹고 기체 분자들을 만들어내는데, 이 기체 분자들이 방귀로 나온다.

과학 문해력

- **유산균**(乳젖 유, 酸신맛 산, 菌균 균): 우리 몸을 건강하게 도와주는 미생물로 젖산을 만든다. 김치, 요거트 등에 많이 있다.

장에서 음식물이 분해되면서 만들어진 기체가 몸 밖으로 배출되는 가스가 □□다.

85 세포막이 두 겹으로 된 이유

키워드 세포와 계면활성제

세포를 잘라서 보면 이런 모양이 나와. 아주 작은 세포 하나에 참 많은 기관이 들어 있지? 세포 맨 바깥의 경계를 '세포막'이라고 하는데 확대해 보면 오른쪽 페이지의 그림처럼 생겼어.

계면활성제라는 분자 기억나?(45, 46장에서 배웠어.) 물을 좋아하는 친수성 머리에 물을 싫어하는 소수성 꼬리가 달린 올챙이 같은 분자야.

계면활성제에는 다양한 구조가 있는데 우리 몸의 세포막에 있는 '인지질'이라는 계면활성제는 꼬리가 2개야. 우리의 세포막은 인지질이라는 수많

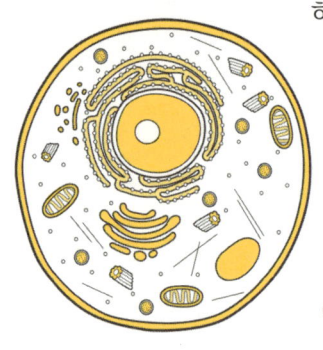

세포의 단면

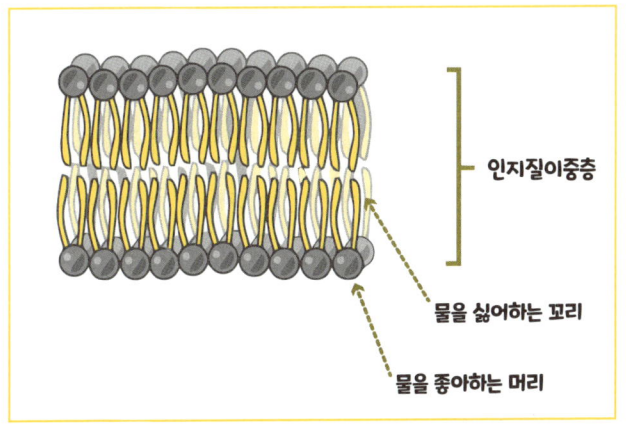

인지질이중층으로 구성된 세포막의 모습

은 계면활성제 올챙이들이 꼬리를 맞대면서 만든, 이중으로 된 막이야. 이걸 '인지질이중층'(또는 이중지질층)이라고 해.

  올챙이들이 왜 이렇게 두 겹으로 모였을까? 세포가 있는 환경을 생각해 보면 돼. 우리 몸은 엄청나게 많은 물로 이루어져 있어. 세포들은 물에 잠겨 있다고 볼 수 있지. 그런데 세포 속에도 물이 있어. 계면활성제 올챙이들은 세포 밖과 안의 물, 모두와 친해지고 싶어 해. 그래서 친수성인 올챙이 머리는 세포 밖으로도 향하고 세포 안으로도 향하는 이중 형태를 가지는 거야.

  이 구조에는 아주 큰 장점이 있어. 세포에는 아무 물질이나 막 들락날락하면 안 돼. 꼭 필요할 때, 꼭 필요한 물질들만 세포 안으로 넣거나 세포 밖으로 빼내야 해. 이 인지질이중층이 아무 물질이나 들락날락하지 않게 튼튼한 벽이 되어 주지.

신기하지? 우리의 생명에 계면활성제가 이렇게나 중요하다니 말이야.

한 줄 정리

세포막은 인지질이중층으로 되어 있어 세포를 보호하고 물질의 이동을 조절한다.

과학 문해력

- **인지질**(燐인 인, 脂기름 지, 質바탕 질): 인이라는 성분을 포함하는 지방성 물질. 세포막을 이루는 주요 성분.

탐구왕 과학퀴즈

세포는 인지질이라는 □□□□□가 이중으로 막을 이룬다.

86 화학 평형, 자연은 균형을 좋아해

키워드 결정의 생성과 화학 평형

우리 몸에 '콩팥'('신장'이라고도 해)이라는 주머니가 있어. 우리에게 필요 없는 것은 소변으로 내보내고 필요한 것은 다시 피로 돌려보내는 중요한 역할을 하는 장기야.

콩팥에 돌멩이가 생기기도 하는데, 그러면 아주 불편해. 돌이 깨져서 소변으로 나올 때 소변이 나오는 길의 벽에 상처를 내서 피도 나고 그래. 이 돌은 주로 '칼슘 옥살레이트'('옥살산칼슘'이라고도 불러)라는 화합물로 이루어져 있어. Ca^{2+} 양이온과 $C_2O_4^{2-}$ 음이온이 만나서 생기는데, 이런 양이온과 음이온은 우리가 먹는 음식 속에 있어.

이온들이 서로를 얼마나 좋아하는지는 각 이온의 전하량 크기를 곱해서 비교해 보면 돼. Na^+ 양이온과 Cl^- 음이온이 서로를 당기는 힘이 1 곱하기 1이면, Ca^{2+} 양이온과 $C_2O_4^{2-}$ 음이온이 서로를 당기는 힘은 2 곱하기 2야. Ca^{2+} 양이온과 $C_2O_4^{2-}$ 음이온은 서로를 아주 좋아하기 때문에 물 분자에 둘러싸여 물에 녹아서 있는 것보다, 서로 손잡고 CaC_2O_4 결정 덩어리로 있는 것을 더 좋아한다는 뜻이야. 이것이 바로 NaCl, 즉 소금은 물에 잘 녹고 CaC_2O_4는 물에 잘 녹지 않는 이유야. 하지만 CaC_2O_4 결정도 물이 아주 많으면 결국 녹게 되지.

$$CaC_2O_4 \rightleftarrows Ca^{2+} + C_2O_4^{2-}$$

CaC_2O_4 주변에 물이 아주 많으면 CaC_2O_4 결정은 녹아서 Ca^{2+} 양이온과 $C_2O_4^{2-}$ 음이온을 만들어. 위의 화학식에서 왼쪽에서 오른쪽으로 반응이 일어나는 거야.

만약 물이 적으면 Ca^{2+} 양이온과 $C_2O_4^{2-}$ 음이온이 서로를 잘 만날 수 있어서 CaC_2O_4 결정이 쉽게 생기지. 위의 화학식에서 오른쪽에서 왼쪽으로 반응이 일어나는 거야.

이렇게 오른쪽으로 반응이 진행하려는 경향과 왼쪽으로 반

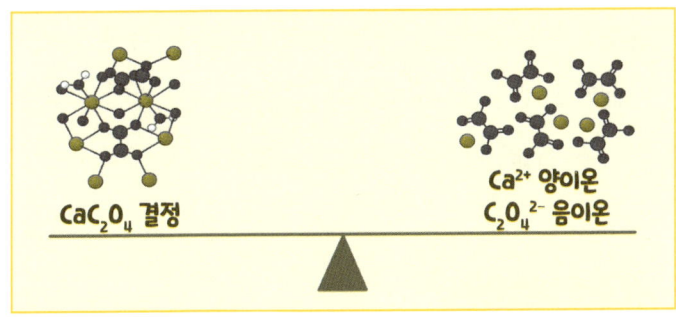

결정과 이온 반응의 화학 평형

응이 진행하려는 경향이 팽팽하게 균형을 맞추고 있는 상황을 '화학 평형'이라고 해.

만약 어떤 음식을 먹고 Ca^{2+} 양이온과 $C_2O_4^{2-}$ 음이온이 몸에 갑자기 많이 들어오면, 시소가 오른쪽으로 기울겠지? 그러면 빨리 CaC_2O_4 결정을 만들어서 시소의 왼쪽 무게를 늘려. 시소의 왼쪽이 내려가면서 시소의 균형이 맞추어지지. 이런 결정이 우리 몸에 생기면 아파. 우리 몸에는 이런 돌이 생기면 안 돼. 물을 많이 마셔서 콩팥에 생긴 돌을 빨리 녹여서 없애야 해. CaC_2O_4 결정을 시소 왼쪽에서 없애서 시소가 오른쪽으로만 기울어져 있게 만들어야 해.

이제 정리해 볼까? 몸에 결석인 CaC_2O_4가 잘 생기는 사람이라면 평소에 물을 너무 적게 마시지 않는지 돌아봐야 해. 몸에 결석이 생기는 것을 예방하려면? Ca^{2+} 양이온과 $C_2O_4^{2-}$ 음이온이 든 음식을 과도하게 섭취하지 않기, 그리고 충분히 물 마시기!

한 줄 정리

화학 반응은 오른쪽으로 진행하려는 경향과 왼쪽으로 진행하려는 경향이 동시에 존재하며 균형을 맞추는데 이를 화학평형이라 한다.

과학 문해력

- **결정**(結맺을 결, 晶맑을 정): 원자나 이온들이 규칙적으로 배열하고 있는 고체 상태의 물질.
- **평형**(平평평할 평, 衡저울대 형): 한쪽으로 기울어지지 않고 균형을 이룬 상태.

탐구왕 과학퀴즈

우리 몸의 □□□□을 잘 이해하면 신장결석이 생기지 않도록 예방할 수 있다.

87 우리 몸을 짓는 재료, 아미노산

키워드 아미노산 결합과 생체 형성

단백질은 아미노산으로 만들어져. 아미노산은 20종류가 있어. 만약 네가 나중에 의사 선생님이 되려고 한다면, 아미노산의 종류를 다 외워야 할지도 몰라. 하지만 지금 당장 다 외울 필요는 없어. 아미노산이란 분자들이 있다는 것만 알아도 상위 1% 지식을 가지고 있는 거야.

이 20개의 아미노산들은 공통된 구조를 가져. 아미노산은 공통적으로 중심에 탄소가 있고 $-NH_2$와 $-COOH$를 가져.

이 $-NH_2$와 $-COOH$를 이용하여

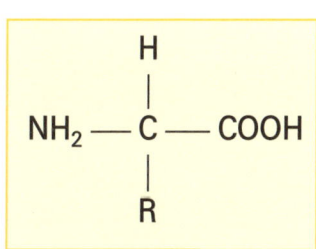

아미노산의 공통적인 화학 구조

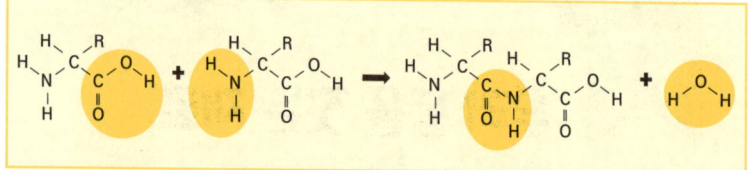

아미노산끼리 결합할 때 생기는 -CONH- 와 H_2O

 아미노산들은 서로를 연결하면서 사슬과 같은 구조를 만들 수 있어. 한 번씩 연결될 때마다 -CONH- 부분이 생기고 물 분자도 하나씩 만들어져서 빠져나가. 만약 아미노산끼리 연결된 부분을 끊어내고 싶다면 -CONH- 부분에 물 분자를 끼워 넣어서 $-NH_2$와 -COOH를 다시 만들면 되지. 이런 식으로 아미노산들을 길게 연결해서 사슬 구조를 만들 수 있어.

 이제 길게 이어진 사슬 구조가 꼬이고 접히면서 우리가 알고 있는 단백질이 되는 거야. 아미노산이 여러 개 연결된 단백질은 고분자야. 같은 유형의 분자들이 길게 연결되면 아주 큰 분자가 만들어지잖아? 그걸 '고분자'라고 해.

 아미노산 외에 우리가 쓰는 합성 섬유나 플라스틱 같은 것도 모두 고분자야. 아미노산이 연결된 단백질은 자연적으로 만들어진 고분자고, 플라스틱은 사람이 만들어낸 고분자야.

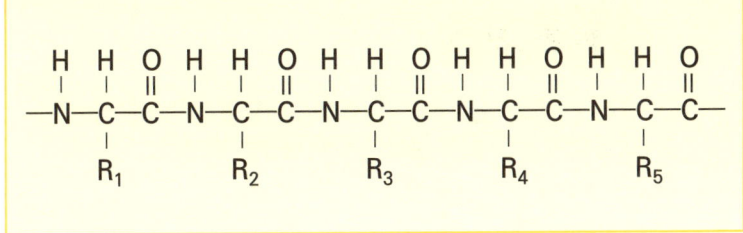
아미노산을 길게 이은 사슬 구조

    소고기, 돼지고기 같은 육류, 생선, 콩 등을 먹고 얻은 단백질을 우리 몸 안에 있는 분해 효소로 마구 쪼개면 아미노산을 얻을 수 있어. 이렇게 쪼갠 아미노산을 한땀 한땀 연결해서 우리 몸에서 필요로 하는 단백질 물질을 새로 만드는 거야. 몸 곳곳을 다니며 세포를 일하게 하는 효소도 만들고, 뼈를 이루는 콜라겐도 만들고, 근육을 이루는 섬유도 만들어.

    아미노산이 부족한 식사를 하면 몸이 건강해질 수 없겠지? 편식하면 안 되는 이유야.

한 줄 정리

우리가 섭취하는 단백질은 아미노산으로 분해되고 다시 조립되어 우리 몸에 필요한 단백질들로 바뀐다.

과학 문해력

- 고분자 화합물: 분자량이 큰 화합물. 천연 고분자와 합성 고분자로 나뉜다.

탐구왕 과학퀴즈

합성 섬유나 플라스틱은 많은 분자를 연결하여 만든 (① 고분자, ② 저분자) 화합물이다.

88 투명한 달걀흰자를 삶으면 왜 희고 딱딱해질까?

키워드 열과 단백질 변성

달걀의 흰자에는 오브알부민(ovalbumin)이라는 알부민 단백질이 많이 있어. 무려 385개의 아미노산 분자가 연결되어 있는데, 근육을 키우려는 사람들이 즐겨 찾는 단백질이지.

이 단백질은 물에 둥둥 떠다녀. 물 분자에 있는 산소 원자와 단백질이 가지고 있는 질소나 수소 원자가 서로 친해. 물 분자의 수소 원자와 단백질이 가지고 있는 산소 원자 또는 질소 원자가 서로 친하고, 그래서 알부민 단백질 주변에는 늘 물이 많이 모여 있지.

달걀을 가열하면 어떤 일이 일어날까? 어떤 분자든 간에 분자에 들어 있는 원자를 떨어가며 모두 신나게 춤을 추고 있다고 했지? 그런데 온도가 올라가면 분자들은 팔다리를 엄청 세게 휘젓기 시작해. 빙글빙글 돌기도 하면서 말이야. 누군가가 춤을 출 때 팔다리를 너무 세게 휘젓다 보면 옆 사람을 칠 수도 있고 서로 팔다리가 꼬일 수도 있잖아?

단백질에 있는 아미노산들도 마찬가지야. 아미노산이 뜨거운 열을 전달받으면 원래 리본이나 판 모양이던 아미노산 사슬은 어디 가고 없고 마구 얽힌 실뭉치처럼 되어 버려. 알부민 옆에 같이 있던 물 분자들도 얻어맞고 화가 나서 자기들끼리 모여 있기도 해. 그러다 보면 물방울이 마구 엉킨 단백질 사슬들 속에 갇히기도 하지. 원래 알부민이 가진 구조는 다 망가지고, 아미노산 사슬은 꼬이고, 물은 갇힌 총체적 난국이야.

수증기에 있는 투명한 물방울들은 빛을 산란시키기 때문에 수증기는 하얗게 보이지? 마찬가지의 현상이 삶은 달걀에서 일어나. 삶은 달걀의 흰자 속에 갇혀 있는 수많은 물방울이 온갖 방향으로 빛을 산란시키기 때문에 삶은 달걀은 우리 눈에 하얗게 보이는 거야.

한 줄 정리

단백질에 열을 가하면 단백질 구조의 변형과 성질의 변화가 일어난다.

과학 문해력

- **산란**(散흩을 산, 亂어지러울 란): 여러 방향으로 어지럽게 흩어짐.
- **변성**(變변할 변, 性성질 성): 성질이 변함.

탐구왕 과학퀴즈

달걀을 삶았을 때 달걀의 흰자가 하얗게 보이는 이유는 달걀 속 (① 탄수화물, ② 단백질)에 변성이 생겼기 때문이다.

89 입이 없는 나무가 물 마시는 방법

키워드 모세관 현상

나무에는 '수관'이라는 물을 빨아들이는 빨대가 있어. 이 관은 뿌리부터 시작하여 이파리까지 이어져 있지. 그런데 나무에 빨대는 있지만 입이 없잖아? 어떻게 물을 빨아들이지? 나무는 화학을 이용해.

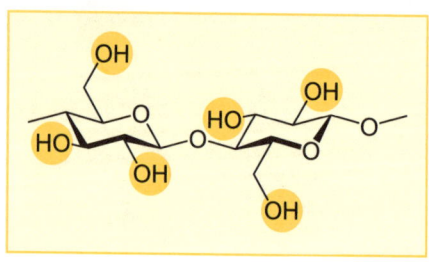

셀룰로오스의 화학 구조

나무의 수관은 셀룰로오스라는 탄수화물로 만들어져 있어. 이 셀룰로오스의 구조를 보면 −OH가 많이 보일 거야. 여기서 산소 원자(O)는 수소 원자

(H)로부터 전자 구름을 빼앗아 와서 음전하, 수소는 전자를 뺏겨서 양전하를 띠지.

그래서 셀룰로오스의 OH에 있는 산소 원자(O)는 물 분자(H_2O)의 수소 원자(H)를 좋아하고, 셀룰로오스에 있는 수소 원자(H)는 물 분자의 산소 원자(O)를 좋아해. 그래서 셀룰로오스는 물과 아주 친해. 종이는 물에 잘 젖지? 종이가 셀룰로오스로 만들어졌기 때문에 물과 친해서 그런 거야.

나무의 가느다란 수관에서 셀룰로오스 벽이 물 분자를 잡아당겨. 위로 자꾸 잡아당겨. 물 분자들끼리도 서로 친하니까 친

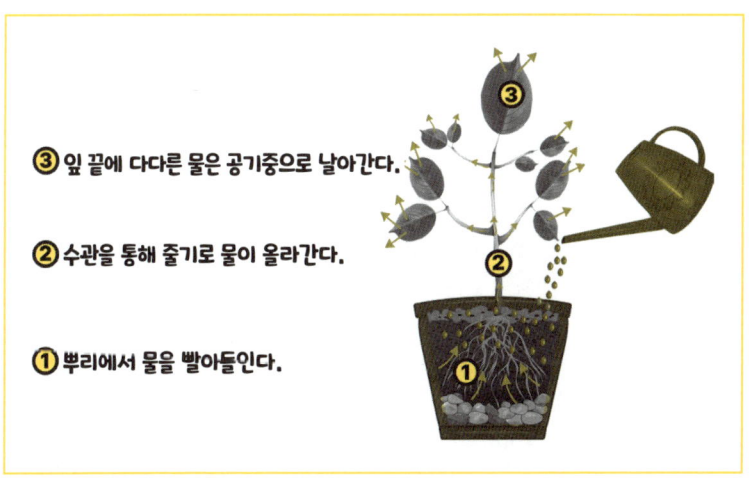

나무가 물을 마시는 과정

수관에서 물이 올라가는 모습

구가 셀룰로오스 벽을 타고 올라가니까 같이 따라가. 물기둥을 따라 위로 위로 끌려 올라가는 거야. 이를 '모세관 현상'이라고 해.

이렇게 수관을 따라 물이 올라가다 보면 수관의 끝인 이파리까지 물이 닿겠지? 이파리에 닿은 물은 공기 중으로 날아가기 쉬워. 이파리에서 물이 기화가 되어 빠져나가는 현상을 '증산 작용'이라고 불러. 증산 작용으로 생긴 물의 빈 자리는 수관으로 물이 계속 올라오면서 채우는 거야.

알고 보면 식물들은 굉장한 화학자들이야!

🖋️ 한 줄 정리

나무의 수관은 물과 친한 셀룰로오스로 만들어져서, 물이 수관을 따라 올라갈 수 있다.

🖋️ 과학 문해력

- 모세관(毛털 모, 細가늘 세, 管대롱 관): 털과 같이 가느다란 관.
- 수관(水물 수, 管대롱 관): 물이 통하는 관.

🖋️ 탐구왕 과학퀴즈

□□□ 현상은 액체 속에 가느다란 관을 넣었을 때, 액체가 관을 따라 올라가거나 내려가는 현상이다.

8단원

지구와 우주

○ ○ ○

과학 교과 연계
초 4-2, 5-2, 6-2
중 1, 중 3

90 구름은 왜 떨어지지 않나?

키워드 기온과 물의 순환

　더운 날이야. 뜨거워진 땅이나 바다 표면에 있는 물 분자들은 처음에는 서로 꽁꽁 뭉쳐 있지만, 더위에 약해서 결국 이런 말을 하는 애들이 생겨.

　"어휴! 너무 더워. 난 도저히 같이 못 있겠다. 나 시원한 하늘로 좀 날아갈게!"

　날이 더울수록 하늘로 날아가는 물 분자가 늘어나. 온도가 올라가면서 액체인 물이 기체인 수증기로 되는 것을 '기화'라고 해. 기화된 물 분자들은 아주 높은 곳까지 날아갈 수 있어.

　"날아다니려니 힘이 드는군. 좀 춥기도 하고. 먼지에 붙어서 조금 쉬었다가 가야지."

날아가던 물 분자들이 저 높은 곳에서 작은 먼지를 만나면 먼지에 들러붙어. 먼지 주변에 물 분자들이 조금씩 들러붙다 보면 어느새 작은 물방울이 되지. 이 작은 물방울들을 에어로졸(aerosol)이라고 해.

작은 물방울들이 많이 생기고 서로 만나면 조금 더 큰 물방울이 되겠지? 조금 더 큰 물방울들이 모여 있는 것을 멀리서 바라보면 흰 구름으로 보이는 거야. 구름에는 참 여러 가지 모양이 있어. 그런데 구름은 물 분자들이 위로 올라가면서 생기는 것이니 아래로 떨어지지 않겠지?

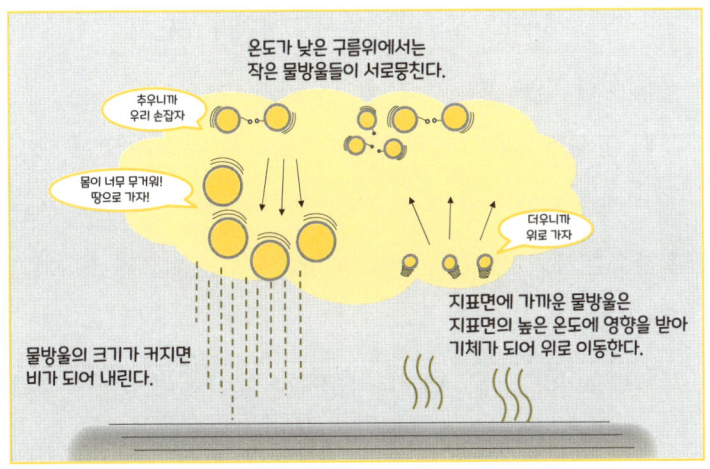

구름이 만들어지고 비가 내리는 과정

이 구름 속에 있는 물방울이 땅에 가까이 가게 되면, 물방울의 표면에 있던 물 분자들이 "어? 또 더워졌네. 나 다시 날아갈게"라고 하면서 물방울로부터 떨어져 나오기 때문에 물방울은 작아져. 물 분자들이 높이 올라가다가 또 추워져서 다른 작은 물방울에 붙게 되고. 이렇게 물 분자들이 구름 속에서 물방울이 되었다가 기체로 되었다가 하면서 오르락내리락하니까 구름은 같은 높이에서 한동안 계속 있을 수 있어.

만약 날이 너무너무 더워서 하늘로 날아가는 물 분자들이 무척 많아지면 하늘에서 생기는 물방울들이 갑자기 아주 많이 생기겠지? 이렇게 기체가 낮은 온도에서 액체로 바뀌는 것을 '응결'이라고 해. 작은 물방울들이 서로 뭉치다 보면 아주 큰 물방울도 생길 거야.

이 큰 물방울은 이제 무거워서 하늘에 떠 있을 수 없어. 얘들이 아래로 떨어지면서 다른 작은 물방울들과 합쳐지면 무지 큰 물방울도 생기지. 이것이 바로 빗방울이야. 한여름에 소나기가 오는 이유야.

빗방울이나 눈에는 먼지나 소금 같은 것이 들어 있어. 순수하고 깨끗한 물만 있는 비나 눈은 절대로 없어. 비가 오면 반드시 우산을 써야겠지? 비나 눈은 하늘에서 내리는 구정물이니까 비나 눈이 오면 되도록 맞지 말자.

한 줄 정리

물방울이 모여 만들어진 구름 안에서 물의 기화와 응결 과정을 거치므로 같은 높이에서 머무를 수 있다.

과학 문해력

- 응결(凝엉길 응, 結맺을 결): 기체인 수증기가 액체인 물로 바뀌는 현상.

탐구왕 과학퀴즈

높은 온도에서 액체가 기체로 되는 것을 □□라고 한다.

91 소나기가 오기 전에는 바람이 쌩쌩 분다

키워드 물의 순환과 바람

 손을 마구 휘저어 봐. 공기 속에 무엇인가 있는 것이 느껴져? 공기 속에는 수많은 기체 분자가 있어. 질소 분자가 대부분이고, 그다음으로는 산소 분자가 많아. 습도가 높은 날에는 물 분자도 꽤 많이 있어. 손바닥이 기체 상태로 있는 분자들을 한쪽으로 밀어내니까 기체 분자들이 "아아~ 누가 민다~" 하면서 떠밀리지. 이게 바로 바람이야.

 손바닥으로 기체를 확 밀면 손바닥 근처에는 기체 분자들이 많이 몰려 있겠지? 기체가 많이 모여 있으면 압력이 높아. 고기압이야. 손에서 멀리 있는 곳은 기체 분자들이 아직 몰려 있지 않지? 상대적으로 저기압이야. 손을 휘저었을 때 바람은 손바닥에서 먼 쪽으로 불겠지? 그래 맞아. 바람은 고기압인 곳에서 저기압인 쪽으로 기체 분자들이 몰려가는 현상이야.

　기체 분자들이 날아가면서 주변에 종이나 머리카락이 있으면 부딪히면서 움직이게 만들어. 야구공을 굴려서 가만히 서 있는 물병에 부딪히게 하면 물병이 넘어지거나 옆으로 밀려가듯 말이야. 기체 분자들은 아주 작지만 아주 많아서, 얘네들도 물체에 부딪치면 물체를 움직이게 할 수 있어.

　소나기가 오기 전에 하늘을 보면 구름이 뭉게뭉게 피어올라. 땅의 뜨거운 열기 때문에 지표면에 있던 물 분자들이 달궈지면 기체가 되어 올라가서 구름이 생긴다고 했지? 물 분자들이 하늘로 올라가니까 구름이 생길 때는 아래에서 위로 바람이 불지.

　그럼 구름이 생긴 자리에 있던 기체 분자들은 이제 어디로 갈까? 얘네들은 아래에서 위로 불어오는 바람 때문에 옆으로 좀 밀려갔다가 아래로 내려가게 돼. 그 다음에는 옆으로 움직여서 물 분자들이 사라진 빈 자리로 가는 거야.

　한여름에 갑자기 먹구름이 생길 때가 있어. 기체 물 분자들이 갑자기 하늘로 올라가고, 빈 자리가 된 공간에 다시 기체들이 옆에서 몰려오면서 바람이 쌩쌩 불 거야.

하늘에 갑자기 먹구름이 뭉게뭉게 피어오르고 어두워지면서 바람이 불어 오면 어떻게 하면 될까? 할아버지처럼 뒷짐을 지고 이렇게 말해.

"어흠, 곧 비가 오겠군."

그리고 곧 쏟아질 소나기를 피해 다람쥐처럼 날쌔게 건물 안으로 도망가자.

기체는 높은 압력(고기압)에서 낮은 압력(저기압)으로 이동하면서 바람을 일으킨다.

- 습도(濕축축할 습, 度정도 도): 축축한 정도, 즉 공기 가운데 수증기가 들어 있는 정도.

탐구왕 과학퀴즈

기체 분자가 고기압인 곳에서 저기압인 곳으로 이동하는 현상이 □□이다.

92 높은 산의 바다 쪽은 왜 비가 잘 올까?

키워드 기체의 이동과 지형

바다에는 물이 아주 많아. 뜨거운 한낮의 태양이 내리쬐면 바닷물 속에 있는 물 분자들이 공기 중으로 날아올라.

"어휴~ 더워. 나 좀 날아갈게."

이러면서 아주 많은 물 분자들이 기체가 되지. 기체가 하늘로 가면서 이동하면 바람이 만들어지겠지?

그런데 바다 옆에 산이 있다면, 바람은 산을 타고 올라갈 거야. 산은 올라가면 올라갈수록 온도가 낮아져. 그러면 기체인 물 분자들이 "으, 추워!" 하면서, 다른 물 분자들과 합쳐서 작은 물방울로 변해. 작은 물방울들이 합치고 합쳐져서 조금씩 더 큰 물방울이 돼. 이 물방울들이 모인 것이 바로 구름이지.

바다와 가까운 산에서 구름이 형성되는 모습

　구름 속에서 물방울이 뭉치다 아주 큰 물방울이 되면 결국 무거우니까 아래로 떨어지게 돼. 맞아. 비가 오는 거야. 그래서 구름은 높은 산을 넘지 못하고 비가 되어 내리는 경우가 많아.

　하와이에는 빅아일랜드라는 큰 섬이 있어. 이 섬에는 높은 산이 있는데 섬의 오른쪽에서 왼쪽으로 무역풍(Trade wind)이라는 바람이 불어. 그래서 빅아일랜드의 오른쪽은 늘 비가 많이 와서 수풀이 울창하고, 왼쪽은 습기가 거의 없는 메마른 공기만 넘어와 거의 비가 안 내려서 메말라 있어. 같은 섬인데도 산을 기준으로 이렇게 달라지는 거야.

　나중에 네가 좀 더 커서 집라인(zipline)을 탈 수 있을 나이가 되면 빅아일랜드에 가보자. 그곳에서 집라인을 타고 섬의 동쪽에 있는 울창한 숲과 계곡을 가로질러 날아가 보는 거야. 빨리 커서 가고 싶다고? 잘 먹고 잘 자고 신나게 놀다 보면 그날이 금방 올 거야.

 한 줄 정리

수증기가 산을 만나면, 산 위로 갈수록 온도가 낮아져 구름이 형성되고, 물방울이 뭉쳐 비가 되어 내린다.

 탐구왕 과학퀴즈

구름 속에서 물방울이 점차 커지면 □가 되어 땅으로 떨어진다.

93 겨울에는 왜 건조할까?

키워드 기온과 습도

   물속에 있는 물 분자들의 '수소 결합' 기억하지? 물 분자는 다른 물 분자의 머리를 만지고 싶어 해. 여러 물 분자가 서로 손을 뻗어서 다른 물 분자 머리를 만지려고 하다 보니까 물 분자끼리는 뭉쳐 다녀. 물방울의 맨 바깥에 있는 물 분자 아이들은 주변에 친구가 적어서 썩 기분이 좋지 않고.

   더운 여름날, 물방울의 표면에 있는 분자들은 짜증이 나.

   "친구도 많지 않아서 기분이 안 좋은데 왜 이리 더운 거야? 짜증 나! 날아가 버릴 거야!"

   물방울은 더 작아지고 안쪽에 있던 아이들이 물방울의 바깥에 놓이게 되겠지? 얘네들도 더우니까 곧 하늘로 날아가고. 그래서 아주 더운 날에는 공기 중에 날아다니는 물 분자들이 많아져. 여름에 공기가 습해지는 이유야.

겨울에는 어떨까? 너무 추워. 물방울의 맨 바깥에 있는 애들이 친구가 없어서 기분은 안 좋지만 너무 추워서 날아갈 엄두를 못 내. 심지어 하늘을 날던 물 분자들도 춥고 힘들다고 서로 꽁꽁 뭉치며 물방울로 변하다가 급기야 얼음 조각으로 변해 버릴지도 몰라. 공기 중에 얼어 버린 물방울은 눈이 되어 내리겠지? 공기 중에 있는 물 분자 수가 점점 줄어드네. 추운 겨울에는 건조한 날이 많은 이유야.

사람은 습기가 너무 많아도 힘들어하고 너무 건조해도 힘들어해. 그래서 여름에는 에어컨을 틀어서 방 온도를 낮추어 공기 중에 있는 물 분자의 수를 줄이고, 겨울에는 방 온도를 높이고 가습기를 틀어서 공기 중에 있는 물 분자의 수를 늘리는 거야.

※ **한 줄 정리**

온도가 높으면 높을수록 물은 기화가 잘 된다.

※ **탐구왕 과학퀴즈**

습할 때 방의 온도를 (① 높이면, ② 낮추면) 물 분자의 수가 줄어들어 습도가 내려간다.

94 한낮의 사막은 더운데 왜 건조할까?

키워드 기온과 습도

날이 더우면 공기 중에는 물 분자가 많아져서 습하다고 했는데, 한낮의 사막은 왜 더운데도 건조하냐고? 겨울에 보일러를 켜서 온도를 올리는데도 왜 건조하냐고? 아주 날카로운 질문이야. 이런 궁금증을 가지다니 멋진데?

사막에는 물이 거의 없어. 온도가 올라가도 공기 중으로 날아갈 물 분자가 충분하지 않아서 계속 건조해. 겨울의 공기는 건조해. 방 안의 공기도 건조하니까 보일러를 틀어도 공기 중으로 날아갈 물이 없어. 그래서 습해지지 않아.

사막이나 겨울의 건조한 방에는 공통점이 하나 있지. 만약 이런 곳에 사람이 있다면, 수분이 가장 많은 곳이 바로 사람의 몸이야. 온도가 올라가면 올라갈수록 피부에서 물 분자가 빠져나가기 쉬워져. 겨울에 가습기를 틀지 않고 보일러만 켜면 사람의 피부는 더 건조해지고 방 안의 습도는 아주 조금만 올라가.

사막은 너무나 크기 때문에 사람 몸에서 물 분자가 조금 빠져나와도 사막의 습도에는 전혀 차이가 없어. 여하튼 뜨거운 사막에 있거나 겨울에 방 안에 보일러를 틀어 놓으면 결국 거칠거칠한 피부를 가지게 되겠지.

사막에는 물이 적기 때문에, 기온이 높아도 습해지지 않는다.

겨울에 가습기를 트는 이유는 공기 중의 습도가 (① 높아서다, ② 낮아서다).

95 엑스레이는 숏다리, 적외선은 롱다리

키워드 빛과 파장

동물들의 키는 참 다양해. 기린처럼 키가 큰 동물이 있고 쳇바퀴를 열심히 돌리는 다리 짧은 햄스터도 있어. 그런데 이 모든 동물이 같은 속도로 걷는다고 생각해 봐. 예를 들면 모두가 1킬로미터를 10분에 도착하는 거지. 다리가 긴 기린은 느릿느릿 움직이고, 다리가 짧은 햄스터는 "바쁘다, 바빠" 하면서 종종종종 달려갈 거야.

빛을 프리즘에 통과시키면 눈에 빨주노초파남보 무지개색이 보여. 이렇게 눈에 보이는 빛인 가시광선도 있지만, 눈에 보이지 않는 X-ray(엑스레이), UV(자외선), IR(적외선) 같은 빛도 있어.

모든 빛은 이동 속도가 같아. 하지만 빛의 종류마다 다리 길이가 다 달라. 예를 들어서 엑스레이는 다리가 아주 짧아. 자외선, 가시광선, 적외선 순서로 다리가 길어져. 그러니 엑스레이는 다리를 아주 빨리 움직여야 느릿느릿 다리를 움직이는 적외선과 속도가 같아지겠지? 이러한 빛의 다리 길이를 '파장'이라고 해.

　엑스레이의 다리가 짧다고 무시하면 안 돼. 다리가 짧으면 짧을수록 에너지는 더 크거든. 엑스레이의 에너지가 제일 크고, 그 다음으로 자외선이 크고, 가시광선이 그 다음에 오지. 적외선이 이 중에서는 에너지가 제일 작아. 파장이 짧을수록 에너지

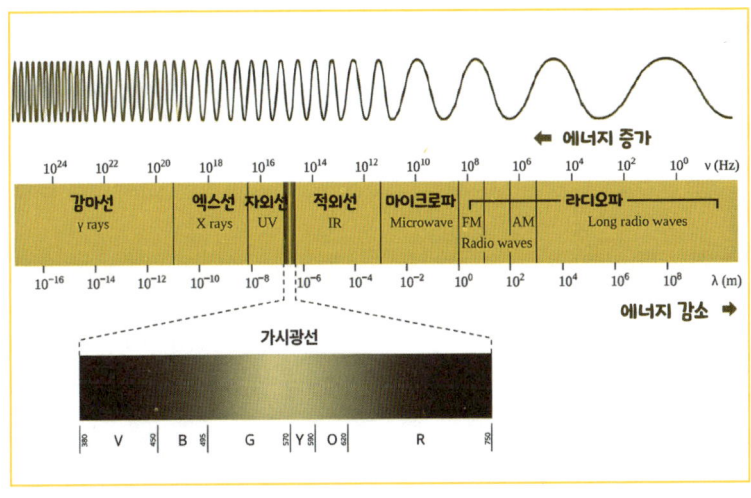

빛의 종류별 파장

가 크고, 파장이 길수록 에너지가 작다고 말할 수 있어.

 에너지가 큰 종류의 빛을 오래 쬐면 이 빛에 있는 에너지가 몸에 있는 분자들을 파괴할 수 있어. 분자의 화학 결합을 마구 끊을 수 있다는 거야. 그래서 병원에서는 1년에 엑스레이를 찍을 수 있는 횟수를 정해놓아. 자외선도 에너지가 커서 자외선을 많이 쬐면 피부가 빨갛게 익어 버리고 심하면 껍질이 벗겨지고 야단이 나.

 아빠보다 강아지의 에너지가 많은 게 보인다고? 맞네. 아빠는 다리가 길지만 허구한 날 소파에 늘어져 있는데, 강아지는 짧은 다리로 늘 뽈뽈뽈 돌아다니니까 강아지의 에너지가 훨씬 더 많네. 강아지는 힘센 엑스레이, 아빠는 적외선! 그럼 너는 자외선이야, 가시광선이야?

빛의 파장이 짧을수록 에너지가 크고, 빛의 파장이 길수록 에너지는 작아진다.

- **파장**(波물결 파, 長길이 장): 파동이 전파될 때 같은 모양이 반복되는데, 반복되는 모양의 첫부분부터 끝부분까지의 길이.

빛의 파장이 짧을수록 에너지는 (① 크다, ② 작다).

96 검은색의 정체를 밝혀라

키워드 빛과 색

물감 한 통을 꺼내서 흰색을 제외한 모든 색을 한꺼번에 섞으면 아주 시꺼먼 색이 만들어져. 검은색은 모든 색을 합쳐 놓은 것이라고 할 수 있지.

백색인 태양빛을 프리즘으로 통과시키면 빨주노초파남보의 무지개색 빛이 나와. 그러니까 태양빛은 이 모든 색의 빛을 합친 거지.

귤은 주황색이야. 우리는 어떻게 귤을 주황색으로 볼까? 백색의 태양빛이 귤에 비치면 주황색 빛만 반사해서 우리 눈에 보이고, 나머지 빛은 다 흡수되어 버리는 거야. 즉 우리 눈에 보이는 색깔은 흡수되지 못하고 반사된 빛의 색인 거지.

물감은 각자 자기 색의 빛만 반사하고 나머지 색의 빛은 모두 흡수하는 셈이야. 빨강은 빨간색의 빛을 빼고 모두 흡수, 파랑도 파란색의 빛을 빼고 모두 흡수, 노랑도 노란색의 빛을 빼고 모두 흡수해. 여러 가지 색의 물감을 모두 섞으면? 물감들이 다른 물감이 반사해 버릴 빛까지 모두 흡수하니까 결국 반사되는 빛이 없어져서 시커멓게 보이는 거야. '검정빛'이라는 것은 없어. 검정색은 빛을 모두 없앤 것이니까. 검은색은 빛이 없는 어둠이라고 볼 수 있지.

그렇다면 퀴즈! 돋보기로 햇빛을 모으면 종이를 태울 수 있잖아? 흰색 종이가 잘 탈까, 검은색 종이가 잘 탈까? 맞아. 검은색 종이가 정답이야. 검은색은 태양빛이 가진 모든 색의 빛을 다 흡수하니까 그만큼 에너지를 빨리 모을 수 있어서 더 빨리 뜨거워지고 결국 타게 되는 거지.

빛이 없는 상태는 검정, 빛이 모두 합쳐지면 흰색!

한 줄 정리

물체가 스스로 빛을 내지 않는 경우 우리 눈에 보이는 물체의 색은 물체가 반사시키는 빛의 색이다.

과학 문해력

- 빛의 반사(反돌이킬 반, 射쏠 사): 직진하던 빛이 물체에 부딪힐 때 방향을 바꾸어 되돌아 나가는 현상.

탐구왕 과학퀴즈

우리 눈에 보이는 물체의 색은 물체가 가시광선 중에서 해당 빛만 (① 흡수, ② 반사)하고 나머지 빛은 흡수한 것이다.

97 번개 치는 날에는 벌판에 서 있지 마

키워드 구름과 방전

양전하와 음전하가 분리된 구조를 '커패시터(capacitor)'라고 해. 커패시터는 전기 에너지를 보관할 수 있는 장치를 이르기도 하는데, 우리말로는 '축전기'야. 이 커패시터의 두 전극을 붙이면 양전하와 음전하가 급하게 만나면서 모여 있던 전기 에너지가 빠져나와. 이 전기 에너지는 빛과 열로 방출될 수 있어.

구름 속에 있던 물방울이나 얼음 조각들이 서로 부딪치고 마찰하다가 양전하와 음전하가 와글와글 각각 한쪽으로 모여서 구획이 나누어지는 경우가 있어. 이때 음전하를 띠는 전자가 모인 구름의 한 부분과 양전하가 모여 있는 다른 구름의 한 부분이 만나면 양전하와 음전하가 갑자기 연결되면서 번쩍이는 번개가 만들어지지. 커패시터의 두 전극이 갑자기 만난 것과 같은 셈이야.

구름과 땅도 거대한 커패시터가 될 수 있어! 구름으로부터 전자(음전하)가 내려오고 땅에서 높이 솟은 양전하 부분이 만나게 되면 번개가 쳐. 구름에서 땅으로 전자들이 빠르게 내려오면서 번개가 내리꽂히는 것이지. 번쩍거리는 번개를 본다면 어마어마한 양의 음전하와 양전하의 만남을 보는 것이야.

들판에 홀로 선 큰 나무는 번개를 맞을 확률이 높아. 땅의 양

번개가 치는 원리

전하가 나무 꼭대기까지 올라가니까 번개를 가장 앞서서 맞이하는 셈이니까 말이야.

번개 치는 날, 사람이 벌판에 서 있게 되면 땅의 양전하 때문에 사람 몸 전체가 양전하를 띠게 돼. 머리카락이 쭈뼛 서지. 만약 평평한 벌판에 혼자 서 있다면 구름에서 내려오는 전자가 가장 먼저 만나는 것이 사람의 머리가 돼. 그러면 어떻게 될까? 사람의 머리 위로 번개가 내리꽂힐 수 있게 돼.

만약 골프채 등을 쥐고 있다면 상황은 더 위험해져. 전자는 금속 내에서 잘 다니잖아? 구름에서 전자가 내려오다가 골프채를 만나면 '내가 갈 길이로구나'라고 하면서 골프채 쪽으로 확 방향을 틀어. 그러면 그 사람은 번개의 어마어마한 전기 파워에 당하고 말겠지?

이제 알았으니 조심하자. 번개가 치는 날 들판에 나가면 안 돼. 만약 갑자기 머리카락이 선다면 머리를 최대한 숙이고 팔로 가리면서 온 힘을 다해 안전한 곳으로 숨어야 해. 아빠한테도 이야기해 줘. 번개가 칠 조짐이 보이면 골프 그만 치고 빨리 건물 안으로 피신하시라고 말이야.

한 줄 정리

번개는 구름 속에서 만들어진 음전하 덩어리가 다른 구름의 양전하 덩어리 혹은 지표면의 양전하와 만나면서 빛과 소리, 열을 내는 현상이다.

과학 문해력

- 방전(放놓을 방, 電전기 전): 모아 놓은 전기 에너지가 다 빠져나와 버리는 현상.
- 낙뢰(落떨어질 낙, 雷천둥 뢰): 번개가 구름과 대지 사이에서 발생하는 것.

탐구왕 과학퀴즈

구름 속에서 만들어진 음전하 덩어리가 땅 위나 다른 구름의 양전하 덩어리와와 만나면 일어나는 현상을 □□라고 한다.

98 일상에서 만드는 번개, 정전기

키워드 정전기

    원자들이 전자를 좋아하는 정도가 다 다르다고 했지? 분자도 마찬가지야. 우리 피부나 머리카락에 있는 분자들은 풍선을 만드는 고무에 있는 분자들보다 전자를 덜 좋아해.

    이렇게 전자를 좋아하는 정도가 다른 풍선과 머리카락을 막 비비면 어떨까? 머리카락에 있던 전자가 풍선으로 옮겨가. 양전하, 음전하는 서로 좋아하잖아? 전자가 풍선으로 가니까, 머리카락은 풍선을 따라가느라 풍선 쪽으로 뻗쳐. 풍선을 완전히 떼어내도 머리카락은 부스스하게 뻗쳐 있어. 머리카락에 있던 전자를 뺏긴 양전하들이 서로 싫다고 밀쳐 내서 그래.

    플라스틱 자를 털가죽으로 막 문질러도 똑같은 일이 벌어져.

털가죽에 있는 전자를 플라스틱이 빼앗아 와. 플라스틱 빗으로 머리를 빗어도 마찬가지야. 빗으면 빗을수록 머리카락이 더 부스스해질 수 있어.

 오늘의 학습은 간단해. 정전기도 화합물의 성질 때문에 생긴 거야. 서로 다른 물질을 마찰시키면 전자를 더 좋아하는 물질은 음전하를 띠게 되고, 덜 좋아하는 물질은 양전하를 띠게 돼.

 추운 겨울날 털옷을 입고 왔다 갔다 하면 우리 몸에는 양전하가 많이 쌓여. 특히 손가락의 끝과 같이 뾰족한 부분에 양전하가 모여. 그러다가 음전하가 모여 있는 문 손잡이 같은 곳에 손가락이라도 닿으면 전자가 우리 몸쪽으로 빠르게 움직이면서 '빠직!' 하고 스파크가 튀지. 아주 따가워. 정전기도 번개의 원리와 똑같지?

 겨울에 털 옷을 입고 많이 뒹굴면 번개맨이 되는 거야. 번개맨~! 앗 따가워.

한 줄 정리

전자를 좋아하는 정도가 서로 다른 물체를 마찰하면서 전자가 한쪽으로 이동되면 하나의 물체에는 양전하가 모이고 다른 물체에는 음전하가 모이게 된다.

과학 문해력

- **정전기**(靜고요할 정, 電전기 전, 氣기운 기): 전하가 정지 상태에 있어 흐르지 않고 머물러 있는 전기.

탐구왕 과학퀴즈

플라스틱 자와 머리카락을 비비면 □□□가 생긴다.

99 수소 원자를 열 받게 하면 벌어지는 일

키워드 오비탈과 전자 전이

수소 원자는 양성자 하나와 전자 하나로 이루어져 있어. 양성자와 전자는 서로 좋아해. 그래서 가벼운 전자는 무거운 양성자 주변을 뱅글뱅글 돌고 있어.

해머 던지기를 하는 사람이 양성자라면, 돌고 있는 해머가 전자야. 사람에게서 해머가 더 멀리 떨어져서 돌게 하려면 에너지를 아주 많이 주어야 해. 그러면 해머의 속도도 매우 빨라지지.

만약 수소 원자를 열 받게 만들면 어떤 일이 벌어질까? 수소 원자로 들어간 에너지는 전자가 빨리 움직이게 만들어. 그러면 양성자와 전자 사이의 거리는 더 멀어지겠지?

전자는 속상해. 자기는 양성자를 좋아하는데 멀리 떨어졌으니까. 만약 전자가 받은 에너지를 버릴 수 있으면, 에너지를 버리고 양성자에게 가까이 가려고 할 거야.

빛은 에너지를 가지고 있어. 수소 원자를 열받게 만들어서 전자가 양성자로부터 멀어지면, 전자는 빛으로 에너지를 뱉어 버리고 양성자와 가까운 곳으로 가. 이를 '전자 전이'라고 해.

흥미로운 사실이 하나 있어. 수소 원자 안에서 전자가 머무르는 곳은 정해져 있어. 양성자 주변에는 수많은 전자의 방이 있는데, 이 방들을 '원자 오비탈'이라고 해.

전자는 에너지를 받았을 때 양성자로부터 멀리 떨어진 방으로 갔다가, 빛을 방출하면서 다시 양성자에 가까운 방으로 가려고 해. 이동할 수 있는 방이 정해져 있으니 뱉어낼 수 있는 빛의 파장도 몇 종류만 있지. 그래서 수소 원자는 열 받았을 때 딱 몇 가지 빛만 뱉어낸단다.

한 줄 정리

원자 내의 전자는 오비탈 사이를 이동하면서 빛을 흡수하거나 방출한다.

과학 문해력

- 전이(轉구를 전, 移옮길 이): 굴려서 옮긴다는 뜻, 즉 다른 상태나 조건으로 옮겨 감.

탐구왕 과학퀴즈

전자가 양성자로부터 멀어졌다가 다시 돌아올 때는 가지고 있던 에너지를 빛의 형태로 (① 뱉어낸다, ② 흡수한다).

100 오로라의 진면목을 알려 주지

키워드 오로라와 전자 전이

저 하늘 높은 곳에는 산소 원자 2개가 합쳐진 산소 분자(O_2)도 있고 산소 원자 3개가 합쳐진 오존(O_3)도 있어. 오존이 쪼개져서 산소 분자(O_2)와 산소 원자(O)를 만들기도 하지.

지금 이 순간에도 우주로부터 전자나 양성자 같은 것들이 계속 지구로 날아와. 지구는 커다란 자석인 것 알고 있지? 지구 자석이 만드는 자기장은 눈에 보이지 않는 보호막이 되어서 우주로부터 오는 전자나 양성자 같은 것들로부터 우리를 보호해. 우주 방위군인 셈이야.

그런데 태양이 활동을 너무 활발하게 해서 태양풍이라는 거센 바람이 불어오면 지구의 보호막이 완벽하게 작동하기 어려워. 태양풍 속에 있던 양성자나 전자가 지구 대기에 있는 원자나 분자를 때리면서 에너지를 전달해 오지.

수소 원자(H)를 열 받게 만들면 전자가 양성자, 즉 핵으로부터 멀리 갔다가 가까운 곳으로 돌아오면서 빛을 내놓는다고 했잖아. 대기 중에 있는 산소 원자(O)도 마찬가지야. 우주로부터 오는 전자나 양성자에게 얻어맞으면 열 받잖아. 산소 원자에 있는 전자가 에너지를 받으면서 원자핵으로부터 멀리 갔다가 다시 가까운 곳으로 오게 돼. 그러면서 빛을 내놓지. 질소 분자도 얻어맞으면 분자 속에 있는 전자가 핵으로부터 멀리 갔다가 다시 돌아오면서 빛을 내놓고 말이야. 이렇게 산소와 질소가 태양풍에 얻어맞고 열 받아서 내보내는 빛을 '오로라'라고 불러.

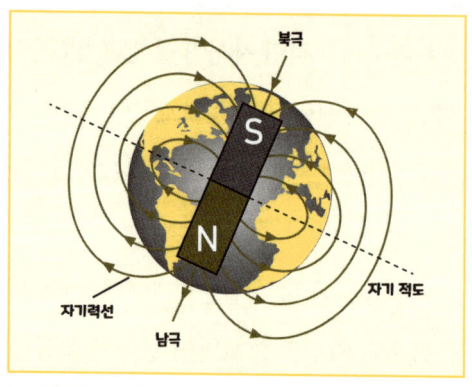

지구 자기장의 모습

새벽의 여신 오로라의 정체를 알게 되었네. 오로라는 원자나 분자에 있는 오비탈에서 전자가 움직이면서 생기는 현상이야. 신기해? 아니면, 신비로워 보이기만 했던 오로라의 정체를 막상 알게 되니 별로야?

🖊 한 줄 정리

태양풍에 의해 대기 중의 기체들이 우주로부터 날아 온 입자들과 부딪히며 빛을 내는 현상을 오로라라고 부른다.

🖊 과학 문해력

- **태양풍**(太클 태, 陽볕 양, 風바람 풍): 태양에서 불어오는 바람.

🖊 탐구왕 과학퀴즈

지구의 (① 자기장, ② 전기장)은 우주로부터 오는 전자나 양성자 등으로부터 우리를 보호한다.

탐구왕 과학퀴즈 정답

1. 원자
2. ① 원자핵
3. 전기음성도
4. 수소결합
5. 탄소, 산소
6. 귀족
7. 이온
8. 이온
9. 분자
10. ② 밀어내고, ③ 당긴다
11. 자유전자
12. ① 가볍다
13. 이산화탄소
14. 확산
15. ② 바늘로 찌를 때
16. ② 작다
17. 질소, 산소, 이산화탄소 (순서는 상관없음)
18. ② 더울 때, ③ 올라간다
19. 높은, 낮은 (순서대로)
20. ② 높을 때
21. ① 압력
22. ③ 바닷속
23. ② 낮춘다
24. ③ 공기
25. ② 못한다
26. 이산화탄소
27. 기체
28. 수소
29. 줄어든다
30. ② 물 ① 얼음 ③ 수증기
31. ③ 수증기 ① 얼음 ② 물
32. ② 안 된다
33. ② 더울 때 ③ 올라간다
34. ③ 에베레스트산 중턱
35. 압력
36. 초임계유체
37. ② 작다, ④ 큰
38. ① 발열
39. ② 낮춘다
40. 드라이아이스
41. ① 높이거나, ② 높인다
42. 표면장력
43. ② 적게
44. ② 소수성
45. ① 없앤다
46. 계면활성제
47. 머리, 꼬리 (순서대로)
48. 수소결합
49. ① 올라가고, ④ 내려간다
50. ① 많아서

51. ② 없어서	76. 트랜스
52. ① 낮은, ④ 높은	77. 이성질체
53. ② 바닷물	78. ① 많이, ④ 낮다
54. 삼각주	79. 에너지
55. ② 철	80. 호르몬
56. ① H^+	81. 효소
57. 염기	82. 포도당
58. 중화반응	83. 유전자
59. 1, 2	84. 방귀
60. 배터리(또는 전지)	85. 계면활성제
61. 수소(또는 H)	86. 화학평형
62. 연소	87. ① 고분자
63. 이온화	88. ② 단백질
64. 물	89. 모세관
65. ② 녹지 않는다	90. 기화
66. 이산화탄소	91. 바람
67. 탄소	92. 비
68. ① 발열	93. ② 낮추면
69. 질소	94. ② 낮아서다
70. 탄소	95. ① 크다
71. 2	96. ② 반사
72. ② 음전하, ③ 양전하	97. 번개
73. ① 높인다	98. 정전기
74. ① 분자	99. ① 뱉어낸다
75. 질량분석기	100. ① 자기장

탐구왕 과학퀴즈 정답

이미지 출처

16. 우주에서 바라본 지구
https://commons.wikimedia.org/wiki/File:Earth-space.jpg

29. 액체와 고체일 때의 물 분자 모형
P99am, CC BY-SA 3.0, via Wikimedia Commons(https://commons.wikimedia.org/wiki/File:Liquid-water-and-ice.png)

31. 태양 주위를 도는 위성
출처: NASA/JPL, Public domain, via Wikimedia Commons(https://commons.wikimedia.org/wiki/File:Solar_system_Painting.jpg)

32. 뜨거운 금속 표면 위에서 튀어오르는 물방울
User:Dbc334, CC BY-SA 2.5, via Wikimedia Commons(https://commons.wikimedia.org/wiki/File:BoilingWaterdropletLeidenfrost2.svg)

44. 연잎 위에서 물방울이 굴러가는 모습
William Thielicke CC BY-SA 4.0, via Wikimedia Commons(https://commons.wikimedia.org/wiki/File:Lotus3.jpg)

46. 마이셀의 구조
https://commons.wikimedia.org/wiki/File:Phospholipids_aqueous_solution_structures.svg

49. 용액의 온도 변화와 분자들의 운동 변화
Dione Murrieta, CC BY-SA 4.0, via Wikimedia Commons(https://commons.wikimedia.org/wiki/File:Disoluci%C3%B3n_del_caf%C3%A9.svg)

53. 이온화 상태(소금물, 바닷물), 콜로이드 상태(우유), 콜로이드 상태(진흙)
OpenStax, CC BY 4.0, via Wikimedia Commons(https://commons.wikimedia.org/wiki/File:CNX_Chem_11_05_Colloid.png)

54. 점토가 콜로이드화 되는 원리

https://www.researchgate.net/publication/343330316_Application_of_Microbial_Bioenzymes_in_Soil_Stabilization

54. 나일강 삼각주

https://commons.wikimedia.org/wiki/File:Nile_River_Delta_(MODIS_2024-07-23).jpg

63. 아연과 구리 전극으로 전기를 만드는 다니엘 전지의 원리

https://commons.wikimedia.org/wiki/File:Galvanic_cell_with_no_cation_flow.png

75. 동위원소 질량분석기의 기본 구조

《옥스토비 일반화학》 참고하여 다시 그림

78. 에어로젤

https://commons.wikimedia.org/wiki/File:Aerogel_hand.jpg

95. 빛의 종류별 파장

Philip Ronan, CC BY-SA 3.0, via Wikimedia Commons(https://commons.wikimedia.org/wiki/File:EM_spectrum.svg)

99. 수소 원자를 열 받게 하면 벌어지는 일

Pearson Scott Foresman, Public domain, via Wikimedia Commons(https://commons.wikimedia.org/wiki/File:Hammer_Throw_(PSF).png)

* 이 책에 수록된 이미지는 대부분 저작권을 확인하였으나, 일부 누락되거나 오류가 있다면 다음 쇄에 반영하겠습니다.

초등일타과학

1판 1쇄 2025년 4월 15일 발행
1판 5쇄 2025년 11월 10일 발행

지은이 · 이광렬
펴낸이 · 김정주
펴낸곳 · ㈜대성 Korea.com
본부장 · 이향숙
기획편집 · 김현경
디자인 · 문 용
영업마케팅 · 조남웅
경영지원 · 공유정, 박혜성

등록 · 제300-2003-82호
주소 · 서울시 용산구 후암로 57길 57 (동자동) ㈜대성
대표전화 · (02) 6959-3140 | **팩스** · (02) 6959-3144
홈페이지 · www.daesungbook.com | **전자우편** · daesungbooks@korea.com

ⓒ 이광렬, 2025
ISBN 979-11-90488-58-7 (73400)
이 책의 가격은 뒤표지에 있습니다.

Korea.com은 ㈜대성에서 펴내는 종합출판브랜드입니다.
잘못 만들어진 책은 구입하신 곳에서 바꾸어 드립니다.
KC마크는 이 제품이 공통안전기준에 적합하였음을 의미합니다.